三毛

流浪是对自由的寄托

陈琅语 著

天津出版传媒集团
天津人民出版社

图书在版编目（CIP）数据

三毛：流浪是对自由的寄托 / 陈琅语著．—天津：天津人民出版社，2017.12

ISBN 978-7-201-12360-8

Ⅰ．①三… Ⅱ．①陈… Ⅲ．①三行（1943–1991）—传记 Ⅳ．① K825.6

中国版本图书馆 CIP 数据核字（2017）第 217980 号

三毛：流浪是对自由的寄托

SANMAO LIULANG SHI DUIZIYOU DE JITUO

出　　版　天津人民出版社
出 版 人　黄　沛
地　　址　天津市和平区西康路35号康岳大厦
邮　　编　300051
邮购电话　（022）23332469
网　　址　http://www. tjrmcbs. com
电子信箱　tjrmcbs@126.com

责任编辑　王昊静
装帧设计　一个人·设计

印　　刷　三河市兴国印务有限公司
经　　销　新华书店
开　　本　880×1230毫米　1/32
印　　张　8.5
字　　数　210千字
版次印次　2017年12月第1版　2017年12月第1次印刷
定　　价　39. 80元

前言
Preface

三毛，原名叫陈懋平，1943 年 3 月 26 日出生在重庆，1991 年 1 月 4 日去世。这位让许多中华儿女为之动容的女子，最后选择了用一束丝袜来结束在她人间的芳华。

人们对三毛的了解，大多是起源于那本著名的《撒哈拉的故事》。那片沙漠是三毛心中最自由的地方，在那里，她曾随心所欲地生活着，她曾拥有一段属于她和爱人荷西的私密生活，然而一切的美好都因为战乱而结束。属于三毛的自由世界，也从她飞离撒哈拉这片沙漠的那一刻起一去不复返。

很少有人知道，三毛自小就是一个与众不同的女孩。当孩子们都在玩着过家家的游戏时，她却愿意一个人在寂寞、荒凉的墓地游荡。年幼的三毛喜欢看残忍的宰杀牲畜的过程，生命在她的眼中，仿佛早早地就被刻上了无法随心的痕迹。大概也正是因为这样早熟的成长，所以三毛才用尽了一生都想要掌控自己的生命。

三毛一生历经四次自杀，第一次是因为老师的污蔑，让她第一次见到人心的丑恶；第二次是因为恋人的驱使，让她第一次尝试了爱到无法自已；第三次是因为失去了即将要结婚的爱人，让她第一次意识到生命的脆弱；第四次是因为自己的病情，让她第一次懂得了爱情的唯一。而第三次的自杀，也成为三毛留在世间的故事。三毛一生都缺乏友情，当她站在生命边缘的时候，没有任何人陪伴，甚至她的死讯都是靠医院通知父母的。三毛是脆弱的，她不愿意把自己不争气的一面在任何人面前表现出来。世上大凡内心柔软的人，都会在外表上表现得异常坚强和勇猛。可人们在看到《撒哈拉的故事》时，总是会为这个东方女子在异域的种种故事而感动，赞叹她勇于追求生命中的真谛。丈夫荷西去世后，三毛为了逃避内心的伤痛，又一次选择了离开自己的故土，冒着生命危险深入到拉美这片完全陌生的土地上，只为了再一次让追求自由的心灵可以躲避众人的目光。她只是一个需要人来爱的女子，可是世上最懂她的心的那个人却先她而去了。

在学绘画时，三毛最钟情的艺术家是毕加索，是那位为了世人不理解的感情而献出生命的癫狂者。从某种层面来看，三毛何尝不是一位癫狂的女子呢！她拥有不羁的灵魂，那富有传奇色彩的一生正像是毕加索笔下的油彩一样，盛放得热烈，满是光艳，却也凋谢得残酷。

对于这样一个女子，很难用更准确的词汇去描述或评价她。她的故事已经成为传奇，留给我们的除了仰望之外，唯有不能自已的赞叹和追逐。

目录

Contents

第三章　绘画，开启人生另一种可能

第四章　成长，伤痛有时是最美

第五章　人间，无非是梦想和现实的对决

第六章 重逢，经年之后知真情

第七章 亲爱的，你可听见撒哈拉在欢呼

第八章　诀别，苦难长存的记忆

第九章　生死，天人各一方

第十章　一梦，记得这个世界我来过

第一章

童年，回忆总是最美好

她自坟场走来

所有的传奇，都是从最平凡的故事开始的。

三毛降生时，正值抗战。时代赋予人们很多他们并不想要的选择，即便是刚刚落地的孩子，也不得已要承受起战争带来的种种影响。1943 年 3 月 26 日，一个女孩降生在黄角桠，她就是三毛。父亲为这个孩子取名陈懋平，“懋”是她在家族中的排行，“平”字寄寓了父亲对和平的渴望。当战争已经毁掉普通家庭的幸福梦，谁还能够预想到，这个刚刚落地的小女孩以后会在文学的路上一去不回头。

三毛的父亲陈嗣庆来自浙江定海岱山岛小沙乡人，是苏州东吴大学法律系的高才生，后来在上海做教书先生。因为战争的影响，陈家不得不搬迁到重庆。为了维持生计，陈嗣庆继续从事一些法律方面的工作。三毛的母亲缪进兰，在嫁给陈嗣庆之前也是一名教书先生。面对国仇家恨，缪进兰有着作为一名知识分子的觉悟，她参加学校的抗日救亡协会，积极组织学校师生的各种活动。如果没有遇到陈嗣庆，缪进兰的人生轨迹或许会完全不同。但这位说着吴侬软语的女人最终还是回归了家庭，丈夫和孩子成为她婚姻中的生活重心。

值得一提的是，陈嗣庆和缪进兰都是虔诚的上帝之子。或许是基于共同的信仰，他们并没有因为战争而抱怨时代、抱怨生活。相反，对于新生命的降临，他们依旧保有初为父母的惊喜。所幸的是，三毛出生一年半后，日本政府正式签署了投降书。战争结束了，陈嗣庆和缪进兰夫妻开始为孩子期许一个美好的未来。

此时，陈嗣庆做了一个大胆的决定。他带着全家从重庆搬迁到了当时国民政府所在地——南京。陈嗣庆自己开了一家律师事务所，他对战争后的百业待兴充满了希望，对自己的妻子和女儿充满了男人的关爱和责任。为了改善生活条件，陈嗣庆更加努力工作，陈家的生活品质也开始节节攀升。他们从初到南京的寄居，搬迁到了鼓楼头条巷四号，住进一栋西洋别墅。陈嗣庆希望能给孩子最好的成长环境，哪怕只是一点点的小改变，都是他伟大父爱的汇聚。而这座古老的充满了神秘气息的宅子，自然成为童年时期三毛的最爱。

从重庆到南京，年幼的三毛不晓得历尽的艰辛，对她来说，生活中的快乐总是要多于愁苦的。让陈嗣庆和缪进兰欣慰的是，这个小小的女娃看起来比别人家的孩子都要聪慧，她更早地学会了走路、说话、看书和写字，一切迹象似乎都在预示着三毛的未来或许会不同于常。但让三毛最头疼的是她的名字。陈懋平，这三个字虽然有着来自于父辈的寓意，但繁复的“懋”字成了她在书写时最大的难题。陈嗣庆不但是位先生，更是一位开化的智者，他冒着大不韪为三毛去掉了名字中的排行，把“陈懋平”改作了“陈平”。这是三毛的第二个名字，也是她生平使用的第一个笔名。以后的故事，都是从陈平这个名字开始说起的。

有人说，伟大的人物总是会表现出一些非一般的性格特性。三毛就是这样一个人。儿时的三毛并未表现出太多的天真，而是把更多的时间分给了静默的思考。她不喜欢和其他孩子们一起玩，一个人的时候她总是跑到附近的坟场去，在那片孤独荒凉的地方自顾游荡。提起坟场，甚至连大人们都要忌讳几分，但这里的平静似乎给予了三毛心灵上的自由。她不顾邻居的碎语，反倒在坟场中种下了冷眼看世间的种子。

而这些种子，终究有一天会成长为参天大树，也许会供疲累的身心乘凉，也许会遮蔽内心的阳光。不管你是有意还是无心，成长总是来不及去思考就已经成为难题。

生命，由信仰开始

三毛注定是个与众不同的人。不过这份与众不同来得有些惊险。

作为一个女孩子，三毛并不喜欢和女红有关的一切内容。相反，她的骨子里有一种嗜血的天性，她喜欢去看宰羊，看着一只鲜活的生命在案板上一点点凋落，三毛仿佛从中找到了如痴如醉的快乐。这样的行为让大人们很不解。当观看完整个宰杀的过程后，三毛的脸上会浮现出相当满意的神情，甚至还会发出得意的笑声。这样诡异的行为让很多大人都感到害怕。但他们不知道，三毛并不是一个冷血动物，面对生命被宰割的现状，她的内心一定也是悲痛的，只是年幼的她尚无力去改变正在发生的一切，她只能眼睁睁看着生命从指间消失。如果有灵魂存在，她希望灵魂会寄存在一个永远都没有伤害的地方。生命如此易碎，往往来不及珍惜就会被弃之不用。

三毛从来没有向外人展露过自己的内心，即便面对父母，她也总是保持着倔强的外表。有一次，全家人都在吃饭，唯独三毛不在饭桌上。父母早已经习惯了孩子这一特别自我的个性，于是也没有多管。小孩子都是爱玩的，玩累了、肚子饿了，自然就知道来吃饭了。谁知正在这时，从远处水缸里传来特别大的水声。众人不知道发生了什么，急忙跑到水缸前，只见三毛正一只手撑在缸底，头朝下，整个身子都快被水淹没了。原来三毛觉得无聊，偶然间发现击打水面发出来的声音很好玩，但又觉得不够刺激，索性就探身到水缸里面，以这种奇怪且危险的姿势去聆听击打水面的声音。父母见此情景简直吓坏了，他们急忙把三毛从水缸里提了出来。面对家人的责备，三毛不哭不闹，一口水从嘴里吐出来，却淡淡地说了一句“感谢耶稣基督”，却把自己逗笑了。

三毛的父母是信教的，他们很早就给三毛的心中种下了上帝的种子。大约正是基于这份大无畏的信仰，所以她才会愿意去体验生命的种种过程，甚至包括对自我生命的放逐。三毛是早熟的，但早熟的孩子必定都是孤独的。因为三毛早已经超越了同龄人的心智，所以在成长的过程中找不到合适的玩伴。她开始讨厌身边的人们，讨厌他们把自己当成一个无知的孩子来看待，可同时她又是需要有人来呵护、关爱的。当二者的矛盾产生冲突时，年幼的三毛不知道怎么办才好，她只能选择把自己的内心封闭起来，拒绝来自于这个世界的一切感情。

这时候，唯有耶稣才是她最信任的人。因为从他那里，三毛永远都不会得到任何的指责，她可以做自己想做的一切事情，耶稣只会在虚无的空间中静静地聆听着，不发一言。

陈家从重庆搬到南京后，家庭条件得到很大改善，可供三毛玩耍的花样也增加了不少。三毛经常拿着一个竹竿，把自己想象成是可以骑着扫帚到处飞的女巫，或者是骑着健壮的大马的侠客。面对新的环境，三毛来不及去悲伤，她好奇身边的一切，从从未见过的风景到完全不同的人情世态，三毛的世界也因此而一点点打开。

但，她性格中孤僻的因素却并没有因为居住环境的变迁而有过多改变。

当时他们一家和大伯一家住在一起，家里的孩子们也是整天吵吵闹闹。年龄大一些的堂哥堂姐们早已经上了学堂，他们不了解小小三毛的内心世界，也不会愿意去花费心思猜度这个小毛孩子的思想。陪着三毛留在家中的只有一个小弟弟，但正像是三毛被哥哥姐姐无视一样，她自己同样无视了比自己年龄更小的孩子。除了自家兄妹外，陈家的佣人兰瑛的孩子“马蹄子”也和三毛的年岁相当。兰瑛本是一个外地的逃荒人，只因为她是陈家看门老仆人的亲戚，所以陈家才破例收留了这一对母子。因为出身的不同，三毛本就看不上马蹄子。又因为马蹄子是个瘌痢头，头上的苍蝇长年不断，这更加剧了三毛对他的厌恶。也正是由于这种种情况，三毛的童年记忆中只留下了自己的身影。

很多年后，三毛在回忆过往时说：“童年，只有在回忆中显现时，才成就了那份完美。”言外的酸楚，大概只有那些有着相似经历的人才能够真正了解吧。

离大陆，去台湾

这一天，父亲从外面急急忙忙赶回家中，嘱托所有人马上收拾行李，并把家中值钱的细软都拿去换了金圆券。三毛只知道这些花花绿绿的纸是可以买马头冰棒的，她哪里知道那厚厚的一沓钱因为通货膨胀的原因转眼可能就会变得一文不值。家中仆人老泪纵横，嘴里只念着要逃到台湾去。台湾，三毛对这个词没有一点儿概念，她也不会知道自己和南京古城短暂的缘分到此就将结束。

全家人乘着“中兴轮”向那个未知的岛屿前进。母亲因为晕船，一路上呕吐不止。这位贤惠的女人有着所有平凡妇女相夫教子的美梦，但战争使她连一个安稳的家都求之不得。她早就厌倦了搬迁，一方面痛恨时局不稳，一方面又责备自己无力给孩子们挡风遮雨。社会大势如此，她一个弱女子又能做得了什么？唯有举家逃离，以避战乱。

刚到台湾时，这里的政局也不是很稳定，金圆券贬值得厉害，一家人连基本的吃喝都成了问题。当时陈氏兄弟把家安在了太白朱厝仑的一幢日式房子里，虽然对未来的生活没有方向，但暂时的栖居对他们来说已经是莫大的幸福了。可孩子们不一样，他们不懂得政治，也不会为生活发愁。第一次搬进日式建筑，所有的孩子都争先恐后地脱掉鞋袜在榻榻米上开心地蹦跳着。他们天真地以为，从此就可以脱离南京城无聊的书堂生活了，于是大声欢呼着。

三毛对榻榻米的新鲜感只维持了很短的时间。当时的台湾还一片荒芜，他们家附近既没有商店也没有车马，仿佛他们和外面的世界再没有关系。百无聊赖的三毛还是怀念起南京的生活，甚至连那个瘌痢头的马蹄子都变得可爱起来。成长故事，往往在回忆中才会抹去不快，然而一切都只成为美好的过往。

台湾是个多雨的地区。实在无事可做的时候，三毛就只能坐在房檐前面看着雨水淅淅沥沥地落下。没人注意到时，她也会偷偷摸摸伸出舌头去舔一下尚未落地的雨珠。她渴望自然，渴望从这栋房子里解脱出去。这样氤氲的天气，更增加了她内心的愁苦。

终于，小女孩长到了六岁，是入学的年龄了。出生于书香世家的三毛一下子找到了属于自己的自由天地。三毛写的文章经常被老师当作范本在课堂上朗读，也只有这个时候，她眼中的忧郁才会稍稍退却。正是因为老师的表扬，一直封闭着内心的三毛开始渴望在班级里面建立威信，她希望能够持续引起同学们的注意。想要做到这一点，三毛很明白，是需要付出比常人更多努力的。

一个人的习气，不是说改就能改得了的。在学堂的这段时间，尽管仍有人认为她是怪胎，但几乎所有的人都不得不确信她同样也是一个才女。意外的是，三毛很喜欢怪胎加才女这样的称呼。她不会去责备别人，每每听到背后有人窃窃私语的时候，三毛的心中大概是有笑容的。在学堂的这段经历，让三毛开始逐渐喜欢上这片土地。尽管它依旧荒凉，但却是三毛开始成长的地方，那个曾留下无数快乐的南京城俨然已经成为回忆。她曾说："有些人会一直刻在记忆里的，即使忘记了他的声音，忘记了他的笑容，忘记了他的脸，但是每当想起他时的那种感受，是永远不会改变的。"这个"他"，大概就是三毛第一次付出真感情的对象。毫无疑问，台湾是她心中最值得纪念的对象，穷尽一生也找不出"他"的复制。

书中的世界

老师的表扬让三毛找到了更加发奋的动力，她开始把所有的闲暇时光都用在读书上。当有同学想邀请她一起出去玩时，三毛都会推辞掉，她只想把自己关在房间里安静地读书。

三毛对书的热爱，始于三岁时候看到的第一本书——《三毛流浪记》。虽然不识字，但书中的图画却着实惹人喜爱。后来她又看了《三毛从军记》，自己会随着主人公的遭遇时而哭泣、时而大笑。大概是从三毛这个流浪者的身上找到了感同身受的情绪，三毛这个名字便成为她日后广为人知的笔名。

为了看书，三毛小小年纪就开始学习认字。等到上学时，她已经能够独立把课本阅读下来了。每当发下新书时，三毛只用两天的时间就能把书读完，她还会帮助其他同学解决学习中遇到的疑问。三毛在语文方面表现出来的天赋，让老师觉得或许她是一个值得培养的苗子，因此也便对这个聪慧的小姑娘刮目相看。

三毛对书的喜欢简直到了痴迷的程度。家中的藏书已经被她翻看了无数遍，她不再满足于课堂上老师教授的内容。姐姐曾订购过两本杂志，《学友》和《东方少年》。在那一段时间，三毛最大的乐趣就是等着姐姐把看完的杂志交给她，她就可以不顾一切地沉浸在文字的海洋中自由遨游。就像是当初心中只存有对上帝的美好信仰一样，现在的三毛开始对书中的故事着迷，甚至于会经常忘记自己。

不同于一般的孩子，爱看书的三毛也非常爱惜纸张。每次拿到新书时，她都会央求妈妈包书皮。她见不得自己的珍爱有一丁点儿的损坏。只有她自己知道，那一个个方块字的后面，散发的是让她心灵得以自由的故事。书中的人物成为了三毛的朋友，她又怎么忍心让这些他人看不到的朋友们受伤呢？

随着阅读能力的逐渐提高，三毛对书籍的渴求也就越发强烈。她开始向堂哥堂姐借书看。刚开始，哥哥姐姐们都认为这个小毛丫头不可能会理解书中的内容，为了验证他们的想法，他们甚至会要求三毛在读完一篇文章后再复述一遍。直到有一天，三毛刚读完鲁迅先生写的《风筝》，深受感动的她找到二哥，对他说："这个孩子的玩耍天性都被他大哥毁了，原本的质朴没有了，只剩下阴影，可能这个孩子的一生都被毁了。"看着三毛深沉的样子，二哥吓了一跳。他没有想到年幼的三毛会在书中看到这么深邃的内涵，这甚至是自己所不能及的。自此后，哥哥姐姐们也都不再阻止三毛来借书。而三毛也是有借有还，从来不会把不属于自己的财产据为己有。

再到后来，三毛一家搬迁到了长春路上的新家，附近有一家租书店，店里的老板人也很好。他见三毛是一个爱书的孩子，就经常向她推荐一些可读性非常高的作品。为了能够看到自己喜欢的书，三毛一放学回到家就会去翻母亲的零钱包，从中拿出一毛钱，然后飞奔到租书店去换回自己期待已久的那本书。但毕竟租书店的服务对象不是三毛这样的孩子，店中大多数书她都只能读个大概，如《飘》《简·爱》《傲慢与偏见》等大作，三毛只能勉强把文字读下来，却体会不到主角背后的心思和用意。虽如此，这些书本还是为三毛打开了一个广阔的世界。她开始畅想着自己长大以后也会像书中的主人公一样，历经一场刻骨铭心的爱情，走遍世界各地，去寻找一个可以安放自己灵魂的居所。

如果非要对阅读过的书本进行对比，三毛还是最钟爱国人的作品，钟爱那些讲述和自己骨子中的血液有渊源的故事。她读的第一本中国小说是徐訏的武侠作品《风萧萧》。二十年后，这本书的作者成了三毛的干爹。

读中国的文学作品，自然是要读《红楼梦》的。三毛读五年级的时候意外地得到了《红楼梦》一书，她一开始读就被故事吸引了，甚至利用上课的时间偷偷看书。为了避开老师，三毛就把书藏在裙子底下，老师一转身她就把书拿出来飞快地读上几行。有一天，三毛读到了第一百二十回的最终章，当看到贾宝玉从此隔绝尘世时，她竟然情不自禁地流出了两行热泪。她似乎感觉到了宝玉那一颗不属于这个尘世的空灵之心，也许只有在那样一个空寂的世界中，才能真正找到一片安宁。正在上课的老师发现三毛在座位上呆愣着不动，以为她受到了什么刺激，也不敢去惊扰，只是走上前摸了摸她的头，却没有人可以抚平她的内心。

这一次的阅读，让三毛真正体味到了好的文学作品的魅力。她已经不仅仅是在读，而是走进了书中，与人物合二为一了。

过分爱好读书同样也给三毛带来了负面的影响。学习能力已经远远超过同龄人的三毛开始抱怨课本内容的浅薄，她的新班主任似乎并不吃这一套，老师觉得这个孩子已经开始骄傲了，因此总是对她冷处理。年幼的孩子哪里懂得这些人情世故，对书的痴迷使她根本无暇顾及老师的喜爱与否。她常常把自己关在房间中读书，一度让父母觉得女儿是不是患上了自闭症。

谁又知道，三毛的故事此时正在一点点地在那些书本中绽开了第一叶嫩芽。

做一回小偷

很多年之后，三毛依旧记得自己曾经做过一次小偷，被偷的对象是自己的母亲。她偷了母亲五块钱，却因为这不敢花出去的五块钱而纠结了一整天。

偷钱这件事，很多孩子小时候都犯过。父母发现后多是把孩子狠揍一顿，以后再多加管教。三毛特别羡慕自己的一个朋友，他小时候偷了父母的钱后并没有去买零食和玩具，而是自己一个人从台南坐火车到了台北，整整流浪了两天，把钱花光之后才回家。这个朋友这一冒险性的、让父母担心不已的举动，最终竟然没有挨打。三毛没有追问他偷钱去旅行的背后原因，或许那是对梦想的追逐，或许那只是迫不得已的逃亡。三毛知道，有些事情一旦知道了结果，也就破坏了最初的美好。

那一年三毛还只是个读小学三年级的孩子，除了压岁钱，三毛并没有可以独自掌握的财产。即便是大人们给的压岁钱，最后的结果也一定是被父母收回去，他们常常告诉她等她长大了再给她花，可三毛并不知道自己什么时候才能够长大。相反，三毛的弟弟却要聪明得多。每年一拿到压岁钱，在父母还没有来收缴之前，弟弟就会跑到邻居家和同伴赌扑克玩，而且还总是赢。所以即便是上缴了压岁钱，他平时也总有一些私藏。这让三毛羡慕不已。

那时候在女孩子中非常流行收集红楼人物画片和包糖果的玻璃彩纸。学校外面的杂货铺中就售卖女孩子的这些心头好，孩子们可以拿钱来买，也可以用用完的练习簿来换。三毛没有钱，只能选择用练习簿换的方式来收集画片和彩纸。为了能得到更多的废旧练习簿，三毛开始发奋学习，把老师留下的家庭作业全都认认真真地写下来。如果有错误的地方，老师通常会罚重写，这对很多学生来说都是最痛苦的事情，但为了能够把练习簿用完，三毛一度迷上了重写这项任务。每当看到三毛的练习簿将要用完的时候，母亲都是及时给她买来新的本子用，但她并不知道三毛的练习簿用得这么快的原因。看到小小的三毛每天都在练习簿上写写画画，母亲总是抱怨学校老师留下的作业太多，搞得孩子们连玩耍的时间都没有了。

练习簿用得再快，也是有时间限制的，很快三毛就发现自己收集画片和彩纸的速度比不上班级里的其他同学。但她又没有钱去买，于是只能眼睁睁地看着别人玩耍，这让她心中很不是滋味。她多希望手中能有钱，能光明正大地走到杂货铺去买画片和彩纸，然而这一切或许只能是个梦想。这也越来越刺激着三毛对金钱的渴望。

凑巧的是，在某个星期天的早晨，三毛无意间在母亲睡房中看到五斗柜上放着一张红票子——五块钱。当时，一个小学的老师一个月的薪水也才120块台币，三毛看到的五块钱几乎相当于如今的五百块。三毛计算不出用五块钱可以买到多少张画片和彩纸，当然她更不晓得这五块钱对于一家人有多么重大的意义。此时三毛整个脑袋里只有画片和彩纸的画面在不断闪烁，等她终于冷静下来的时候，三毛发现自己已经身处花园中的桂树下了，那张五块钱鬼使神差地正藏在自己裤子的口袋中。三毛用手紧紧捂着口袋，生怕有谁发现偷走了它。为了保护好这五块钱，三毛一整天都不敢回到房间里。她原本以为自己会拿着钱跑到杂货店去买那些心仪的物件，可现在她却觉得两条腿像是灌了铅一样走不动路。她不和任何人说话，悄无声息地在院子里玩泥巴，若不是母亲硬把她拉回到饭桌上，三毛绝对是不会和母亲在一起吃饭的。

正在三毛刚要张口喝汤的时候，母亲终于发现放在五斗柜上的五块钱不见了。姐姐弟弟都在乖乖吃饭，谁也没有说法。三毛试图摆脱自身的嫌疑，忙放下碗筷，远远地回应母亲说："是不是你忘记放在哪里了？"在得到母亲否定的回答后，三毛急忙把目光收回到饭桌上。可就在和父亲的目光接触的一刹那，三毛的心跳突然加快，她感觉自己的脸一定涨得通红。为了不被人发现，她也顾不上烫，生生地咽下了一口热汤。汤的高温从喉咙一直蔓延到胃里，让她五脏六腑都觉得难受。但三毛却不敢发出一点儿声响，她心中有个小鬼一直在敲打着，这让她烦躁不安。

星期天的午睡时间，三毛一点儿睡意都没有，因为她梦想中的“宝贝”还没有买回来。更可怕的是，晚上还要当着父母的面整理书包，如果现在去买了，晚上一定会被母亲抓现行。那五块钱还躺在自己的裤兜里，三毛不知道该怎么办。当母亲发现她不睡觉时，又强行把她抓上床，但三毛一直用手紧紧抓着裤子，不让母亲有机会碰到裤兜里的钱。与此同时，三毛的脸因为紧张而变得滚烫。母亲以为她生病了，忙让父亲拿出温度计来帮她测体温。看到父母对自己这么关心，这更让三毛对自己的行为感到愧疚。

为了尽快摆脱这种不适感，她开始想方设法把这五块钱摆脱掉。当时，三毛的姐姐正在读《西游记》，为了安慰她和弟弟睡觉，姐姐总是会给他们俩讲一段书中的故事。有时候两个小鬼听入迷了，非要姐姐多讲一段，可姐姐总是拒绝他们的请求，并声称每多讲一段就要收他们一毛钱。三毛没有钱，所以每次都巴望着弟弟能够从自己“赚”来的零用钱中拿出一毛钱来给姐姐，这样她就可以光明正大地蹭故事听了。这一天姐姐又不讲了，声称再讲就要收费。三毛终于鼓起勇气问姐姐，如果她付钱是不是可以继续听故事。姐姐点头，很惊讶她这个小妹妹怎么会有钱。三毛继续追问，自己拿出一块钱姐姐是不是能找开。其实那怎么是一块钱，明明是一张五元钱，但三毛不敢说实话，她只敢用这个方式来悄悄地试探姐姐。姐姐先是追问她怎么会有这么多钱，后来觉得可能只是妹妹编个谎话想来骗自己，于是也就没有放在心上。三毛和她的五块钱又躲过一劫。

到了晚上，母亲要给三毛洗澡，可她依旧不肯脱下裤子。最后拗不过她，母亲只得请家里的仆人帮忙挽起三毛的裤管只洗她的腿。即便如此，三毛一只手也一直在裤兜中紧紧攥着那张五块钱，生怕不小心掉到了地上引起母亲的怀疑。

洗完澡后，三毛蹲在卫生间不敢出来，搞得着急上厕所的弟弟大喊大叫。没有人知道当时三毛在脑子中做过怎样的挣扎，她等所有人都上床休息后，自己光着脚悄悄地溜进了母亲的房间，把钱攥成一团扔到了五斗柜的墙角处，然后疯也似的逃窜到自己的床上，蒙上被子连大气也不敢出。虽然她很想得到画片和彩纸，但做小偷的滋味实在太难受了，三毛不知道自己的选择究竟对不对，但最起码现在她心中的石头有一半已经落地了。

第二天吃早饭的时候，三毛故意问母亲钱找到了没有。母亲没有回答她，只是如同往常一样剥好了一个鸡蛋拿给她吃。三毛终于忍不住了，她匆忙吃完早饭，找个理由到母亲的房中走了一圈，出来后她对母亲大喊道："妈妈，你的钱掉到夹缝里面了。"母亲放下碗筷走到屋中，弯下腰捡起地上的钱，随口说了句"找到就好"，然后就催促着三毛去上学了。

走过客厅的时候，三毛眼角的余光发现父亲正在报纸后面盯着自己。她不知道说什么好，只好假装什么都没发生，匆匆忙忙走出门去上学了。

偷钱这件事，最后再没有其他结果。但从此以后，父母亲突然决定要管理三个孩子的零用钱，他们每个人每个月可以拿到1块钱来自由支配。如果这个月的零用钱不够用，在经过父母同意后，可以预先支用下个月的钱。一旦预支满两个月，预支的限度就满了，即便是遇到再着急的事情也只能忍着等下一个月发零用钱。

三毛偷钱这件事发生后的第二个星期，父亲竟然专门给三毛买了一盒德国的进口糖。三毛以为先要听父亲的一顿训诫，但父亲什么也没说，把糖果留给她就走了。三毛高兴坏了，她把所有的糖块都剥了出来，然后把全部糖纸在脸盆中洗净，一张张地晾干，然后再整齐地收起来。在三毛的记忆中，那是生平最快活的一个午后。

很多年过去后，三毛突然又想起了当初偷钱的这件事，她问母亲当时是怎么想的，母亲笑了笑说早已经不记得那件小事了。三毛也笑笑，正要感叹时间的飞逝，不想母亲却抛给她一个问题，“那你后来怎么不偷了？”三毛很认真地想了想，说，偷钱的滋味很难捱。正在这时，她发现姐姐和弟弟全都偷偷笑了起来。三毛这才明白，原来大家都有过偷钱的经历，大概这种难挨的心情每个人也都差不多吧。当初属于小孩子的这些玩笑事，最终也只是换来如今的会心一笑。

梦想捡垃圾

和很多小朋友一样，三毛对自己的未来也有着美好的想象。但又和他人不同的是，三毛没有想过自己会去做科学家、时装模特等这些众人都渴望的职业。相反，在一次作文中，三毛却写道：希望自己长大后能做一个捡垃圾的人。这一梦想让老师十分不解。

其实，三毛的这一想法在她的日常生活中就已经有很明显的表现了。平时走路时，三毛从来不会昂首挺胸地往前走。倒不是因为她性格中阴郁的成分在作怪，只是为了避免遇见熟人不想打招呼的尴尬。她宁愿一个人低头走完脚下的路，也不愿意和不熟悉的人假扮笑脸。或者是她性格中的孤僻造成了这样的习惯，又或者正是这样的习惯给了她常人难以理解的孤独感，不但众人不解这个小女孩内心的真实想法，有时候连她自己也会被压抑得透不过气来。三毛渴望有人能理解自己，渴望在自己的世界中发现更多的希望和美好。

终于有一天，她在路上低头发现了一些别人丢弃的、看起来很有趣的垃圾，这为孤独的三毛打开了一扇想象的大门。

如果捡到的是一把梳子，三毛会想象曾经用过它的女人究竟有多么漂亮；如果捡到的是一颗弹珠，三毛会去畅想隐藏在这颗五彩弹珠内部的奇幻城堡；如果仅仅捡到一枚普通的贝壳，三毛一样会用怜爱地用手抚摸着它上面的纹路，她知道，这些纹路的背后一定有很多自己不曾了解的故事。就这样，三毛用丰富的想象力给自己寂寞的生活找到了快乐的源泉。也正是基于小时候的这些无心之举，长大后的三毛特别容易为了一些细小的物件发出莫可名状的感动。她努力去回避着世人的目光，却又在内心中热烈地渴望着和整个世界拥抱。只是三毛自我编织的世界太完美了，人间又哪里留得下这个思想上的精灵呢！

如果没有人和你同病相怜，大概也总得要自我珍爱一番吧！

当三毛发现捡这些小物件的乐趣后，她还曾天真地以为只要把自己的美好想象告诉给别人，就能邀请更多的小伙伴一起走进梦想中的世界。但是她错了。三毛眼中珍贵的物件，在他人看来仅仅只是垃圾一枚。她在作文中写道：希望自己长大后能做一个拾荒者，不但可以走遍大街小巷，还可以变废为宝，造福人类。这样稚嫩的童心没有得到老师的赞许，她不但因为这篇文章被老师扔了板擦，更是在老师的坚持下不得不把自己的梦想改成了做一名救死扶伤的医生。

连梦想都不能自由地去设计，三毛的孤僻感恐怕再无人可以了解。

所幸的是，三毛并没有因为老师的插手而改变自己的喜好。她虽然在作业本上修改了自己的愿望，可每天捡“垃圾”的行为也一直在持续。只不过随着时间的成长，三毛对捡到的物品的要求越来越高，自己由此而编织出的梦境也越来越丰满。这大概也正是她在文学上起步的源头之一。

对于那些物件，三毛也并不是一时兴起，很多她觉得有意思的东西都被留存了下来。她甚至还会亲自去对物件进行适当的改造，好让手中的东西能够装得下梦想的重量。有一次她从木工手中要下一条废弃的树枝，自己从几公里外拖回了家，还放在房间中当作珍宝一样对待。还有一次，她发现家中女工干活时经常坐着的那个木墩很有艺术感，于是自己动手用空心砖帮女工垒了一个座位，却把那木墩抱进了卧室。

虽然在别人看来是垃圾，但三毛却把捡回来的每一样东西都当作珍宝。她精心地为每一个物件重新打扮，焕然一新后的展示往往让人不知道它当初的模样。为了展示自己的收藏，她还专门为每一件“藏品”做了宣传页并汇集成册。每当有人来访时，她都会拿出册子给对方讲述藏品背后的故事——当然那只是她自己想象出来的故事，也只有此时三毛的脸上才会绽放出幸福的神情。

为每一个小东西都赋予属于他们自己的人生故事，这一习惯成为三毛日后最大的财富。只是她一直等了很多年，直到荷西出现，三毛才找到了愿意陪自己一起拾荒的人。他们把捡到的每一个好玩的东西都装点在撒哈拉的家中，那里成为只属于他们二人世界的私人展览馆。幸福，也永远停留在那里。

母亲的同学会

三毛的母亲缪进兰虽然是受过文明教育的学生，但自从嫁到陈家后，柴米油盐早已经冲熄了她追求理想生活的热情。三毛一家是和大伯一起住的，大伯母在家中很有权威，母亲做事都是顺着大伯母的意见，这让她养成了沉默寡言多做活的习惯。或许这正是一个家庭妇女的标准，但年幼的三毛不懂得母亲背后的辛酸，她以为这就是母亲的本性，她忘记了面前正在照顾自己起居的女人也有着曾经的青春。

当时陈家没有开设邮箱，每当有邮件送来时，邮递员都会在门口高声大喊“有信呀”，家中就有人赶紧跑到门口去拿邮件。这一天是光复节，学校组织学生上街去游行、喊口号、唱歌。被折腾一整天的三毛带着一身热汗回到家中，却发现母亲刚从门口拿了一封信。母亲坐在窗台前面读完信后，竟然默默地抬起头，眼睛望向远方，似乎陷入了遥远的回忆中。晚上睡觉前，三毛偷偷听到了母亲和父亲的谈话。原来那封信是母亲的同学寄来的，邀请她去参加十天后举行的同学会。母亲决定带着姐姐和三毛一起去，把小弟弟毛毛留在家中由爸爸照看。直到此时三毛才猛然间意识到原来母亲和自己一样也上过学，她一定也读过很多书，只是三毛从来没有见过有任何一个同学来探望母亲，这让她有点儿疑惑。

后来三毛终于鼓起勇气向母亲讲出了自己的疑问。母亲轻叹了一口气，告诉她，自己毕业之后就和他们的父亲结婚了，她曾经是学校篮球队的后卫，也确实读过很多书，像是《红楼梦》《水浒传》《七侠五义》《傲慢与偏见》《呼啸山庄》等都是她最喜欢的书籍，她也有很多同学，怎奈自己家境一直不好，所以和同学们的联系慢慢就断了。说到兴头上，母亲还拿出了几张发黄的照片给三毛看。只见照片中是几个年岁相仿的女孩子，她们都穿着月白色的上衣，黑色的褶裙被风吹起，长发掩映下的笑脸显出了她们的欢快。母亲说，这是她十八岁时和同学一起拍的照片，也是她仅留有的一张照片。从母亲的讲述中，三毛听出了母亲对过去时光的留恋，她隐隐可以猜到母亲对这一次同学会的期待。三毛抬头看了看母亲，又看了看照片，再看看正趴在地上独自玩耍的弟弟，她突然间觉得有些心酸，自己匆忙跑开了。

后来，当母亲把自己要去参加同学会的想法告诉大伯母时，却遭到了伯母的反对。伯母说家中活多，母亲走了她自己一个人做不完。一向很顺从的母亲这一次却非常坚决地拒绝了伯母的要求。这让三毛几乎不敢相信这和平时那个只懂干活的母亲是同一个人。

在接下来的几天中，母亲开始为同学会做各种准备。有几次三毛正在做作业，母亲会叫她过去，把几张裁剪好的报纸在她身上比来比去。姐姐告诉她，母亲正在为她们俩做新衣服，这让一直只能穿学校制服的三毛激动不已。因为家境贫寒，一件蓝灰色条子的毛线背心总是姐姐穿新的，穿不下后留给三毛穿，三毛穿不下了再给弟弟穿。所以当听到做新衣服时，三毛就开始期待母亲能为自己做一件粉蓝色的衣服。谁知第二天放学后，母亲告诉她们姐妹俩衣服已经做好了，让她们过去试一试。三毛打开衣服一看，脸马上就拉了下来。原来母亲做的是一件白色的衣服，尽管裙子上有一圈紫色的荷叶边，但这并不是三毛期待的粉蓝色。当母亲还在苦苦劝说三毛穿上试一试时，姐姐早已经穿上新衣高兴地照起了镜子。为了安慰三毛，母亲告诉她在同学会上可以吃到很好吃的冰激凌。一听到冰激凌三个字，三毛马上激动不已。虽然她也吃过冰棒、仙草冰、爱玉冰等冷饮，但却从来没有尝过真正的冰激凌。为了能饱口福，三毛勉强接受了母亲做的衣服。

母亲告诉姐姐和三毛，她的一个同学在政府机关工作，同学会那天他借到了一辆军用大车，他们三人会先到爱国西路和其他同学集合，然后再一起坐车去碧潭。三毛只坐过公共汽车和三轮车，一听到有军用大车坐，原本不开心的情绪就一扫而空了。

一个星期后，母亲参加同学会的日子到了。虽然很期待去参加聚会，但三毛依旧不得不继续在补习班上课，但她的心思早已经飞到了不知道的地方。在教室煎熬着的三毛终于等到了下午两点钟，母亲帮她和姐姐请了假，她们俩在传达室换下学校的制服，穿上了母亲做的新衣服。三毛这时才发现，母亲竟然穿上了一件暗紫色的旗袍，脚上穿着一双白色高跟鞋，身上还散发出淡淡的香味。母亲一边安排车夫老周准备出发，一边又给姐妹俩换上新鞋新袜，她还特意给三毛扎了一条淡紫色的丝带。这样的打扮，让三毛隐隐觉得今天要参加的同学会对母亲来说一定有着非同寻常的意义。

天空正下着雨，母女三人坐上三轮车，老周把雨篷拉上，防止雨水弄脏了她们三人的衣服。为了参加同学会，母亲还特意做了红烧肉和罗宋汤带给同学们品尝。从舒兰街到爱国西路是一段不短的路程，母亲怕三毛的膝盖被淋湿，她把包好的两道菜交给姐姐拿，自己却用手撑着头上那块黑漆漆的油布，看起来很辛苦，但母亲脸上的微笑一直没有消散。然而雨越下越大，路也不平，老周蹬车很吃力，姐姐手中的罗宋汤不小心撒到了母亲干净的旗袍上，母亲无暇去责备她们，三毛看到母亲脸上的神情已经有些焦虑了。她知道母亲是担心赶不上聚会的车，于是在心中也开始默默祈祷上帝能帮助他们一路平安到达。

也不知道又过了多久，终于看了一排排樟树站在道路两旁，母亲紧拿着写有地址的纸条和路旁的门牌号对比着。正在大家焦急地寻找时，眼尖的三毛突然看到在路的尽头有一辆草绿色的军车，很多大人和小孩子正撑着伞挨个上车。“在那边！”三毛向老周喊了出来。老周赶忙加把劲朝军车骑过去，可是那开车的司机大概是认为没有人再上车了，他竟然缓缓地把车发动起来开走了。母亲一边催促着老周再加一把劲，一边伸手招呼汽车，希望司机或者乘客能够看到她们。正在这时，一阵风刮来，车篷上的油布被掀翻了，大雨倾泻到她们身上，这辆小小的三轮车仿佛被困在雨中一般，永远都骑不到不远处那辆汽车身边。

突然，母亲站了起来，像是疯了一般开始呼唤同学们的名字。“魏东玉……严明霞……胡慧杰呀，等等我……我是进兰……缪进兰呀……等等呀……等等呀！”然而汽车没有听到母亲的呼喊，它很快消失在路的拐角处，只剩下老周蹬着三轮车不知道该走向哪里。母亲呆滞在雨中，尽管老周问了两次他们现在该怎么办，母亲仿佛根本听不到老周的问话，任凭雨水吹刷着面颊，不做回答。三毛吓坏了，她以为母亲真的疯了，于是抱着姐姐在大雨中大声哭了起来。

良久，母亲才缓缓地发出了“嗳”的一声，才示意老周回家吧。一路上被雨水浇得湿透，回到家后母亲急忙烧了滚烫的洗澡水给三毛和姐姐洗澡。三毛没有听到母亲的一句抱怨，她早已经换上了日常家居服，抱着小弟冲牛奶去了。洗完澡后，母亲把干净的新制服拿给她们穿。三毛把湿透的新衣服扔到了盆子里，却意外地发现那圈紫色的荷叶边已经开始褪色。看着在水中一圈圈晕开的紫色越来越淡，三毛告诉自己，这件衣服她以后再也不会穿了。

很多年后，三毛再一次问起母亲当年的事情。母亲只是笑笑，说忘记了。

因为有些记忆，想起来必定是伤痛。所以我们宁肯忘记，也不会再主动去追忆。正像那被水冲淡的紫色，一旦历经风雨，再刻骨铭心的故事也都将随风消散，再也不见。

第二章

少女，如蔷薇般倔强绽放

第一位忘年交

三毛是孤独的，孤独到很难让人真正走进她的心中，所以三毛很少有朋友。可正相反的是，一旦是她认为可以交的朋友，三毛就会为之付出全部真心。三毛从来不会去计较对方的出身，哪怕是某些在别人眼中看起来很怪异的人，像是哑巴、酒鬼等，他们身上一旦有打动三毛的地方，三毛都会把对方当成真正的朋友看待。或许正是因为三毛拥有一颗孤独的心，所以才能感知到这些人深藏起来的真心。三毛知道，他们都是孤独的，正如自己一样，他们都拥有一颗渴望被他人理解的心。

在这个世界上，只有彼此靠近，两个孤独的人才能相互取暖。

三毛交到的第一个好朋友，就是这样一个孤独的灵魂，可基于种种原因，三毛最后还是负了这个朋友的真心。这也是三毛一生都追悔莫及的往事。

当时三毛正在读小学四年级。那时候军队常常借用学校的操场做驻扎地，三毛对这些来来往往的陌生人并没有太多好感。但这一年秋天，来操场驻扎的军队中有一个哑巴炊事员曾经救了三毛一命。

那一天是三毛做值日生，她需要绕过操场到开水房去打水。当她提着水壶经过操场的时候，不知道从哪里跑出来一头发疯的水牛，它正怒气冲冲地盯着三毛，仿佛随时都会冲过来。三毛吓傻了，等她反应过来后马上扔掉手中的所有东西转身就跑。这彻底激怒了这头水牛，它不顾一切地朝三毛冲撞过来。三毛不知道该怎么办，只能拼了命地逃跑，甚至丢掉了一只鞋。

三毛边跑边寻找着可以躲避的地方，在发现所有教室的门都紧闭着的时候，她绝望了。三毛以为，自己的生命也许就会这样结束，她只希望自己不会感觉到疼痛，希望真如母亲说的那样会进入天堂。正在这时，三毛突然发现不远处有一个小拐角，她来不及多想马上躲了进去。所幸那头水牛在发现三毛不见了后，并没有到这里来寻找她。惊魂未定的三毛蹲坐在地上喘着粗气，她用完了全身的力气，只能瘫在这里放声大哭，仿佛被整个世界抛弃了。也不知道过了多久，三毛突然感觉有一只温暖的大手在自己头上轻轻抚摸着。三毛睁开泪眼，发现军队炊事班的那个哑巴炊事员正在笑眯眯地看着自己，他手中提着自己跑丢的鞋和水壶，嘴里咿咿呀呀，大概是在问她还好不好。三毛像是溺水的孩子找到了救命稻草一样，抱着哑巴炊事员又哭个不停。

从此之后，三毛和哑巴炊事员交上了朋友。三毛得知，哑巴是四川人，他老婆快要生产时自己却被抓了壮丁，所以他从来没有见过自己的孩子。如果他的孩子活着，现在差不多和三毛一样大。大概是发于心底的父爱，哑巴对三毛格外的好。哑巴在炊事班里经常受欺负，但他每次见到三毛的时候都很开心。他不识字，只会用双手胡乱比画着想要表达的内容。正是用这种奇怪的相处方式，三毛和哑巴这一对忘年交一起度过了一个又一个难忘的下午。

但三毛和哑巴的友谊却遭到了老师的反对。老师认为哑巴对三毛有不轨的企图，因此严禁三毛和哑巴有更进一步的接触。三毛不相信老师说的话，但她对哑巴其实并不了解，所以对这份友谊自然就产生了怀疑，于是也开始逐渐地有意疏离哑巴。有时候她正在上课，透过窗户看到哑巴正站在操场对面和自己开心地招手，三毛总是会马上扭转头去看黑板，她不敢直面哑巴那双会说话的眼睛，害怕自己内心真实的想法被哑巴看透。

不久后，哑巴所在的部队要离开了。临走前的一个下午，哑巴跑到三毛教室的门口来和她道别。三毛再也忍不住情绪，紧咬着牙冲出了教室。哑巴把自己一直珍藏的戒指送给了三毛，并交给她一张他人代写的纸条，上面是哑巴家的地址。三毛一直在哭，她知道，也许从此以后两位好朋友就再也不会见面了。最后，哑巴又送给三毛一包牛肉干。可哑巴刚走，三毛发现老师就站在不远处看到了发生的一切。为了表示自己是个听老师话的好学生，三毛撕了那张纸条，并把牛肉干扔进了垃圾桶。

多年之后，三毛再回忆起这位哑巴朋友的时候，内心满是愧疚。这是她人生中第一位真正意义上的朋友，但却被自己稚嫩的任性给辜负了。成名后的三毛写过很多书，但哑巴不认字，自然也不会去书店看书，或许他永远也不会知道当年的小女孩心中一直珍藏着这份友情。只是造化弄人，彼此仅成为路过的缘分，却没办法互诉衷肠。

渴望二十岁

四年级后，三毛开始面临学业带来的压力。因为要面临初中联考，所以学校就会安排学生夜间留下来补习功课。当时，三毛每天早晨五点半就要从床上爬起来，母亲早已经为她准备好了午饭和晚饭的便当，还有一个装满水的水壶，三毛匆忙吃完早饭后就要背着沉沉的书包走路去学校。台湾的雨天多，三毛总是撑着一把黑色的小伞，穿着湿漉漉的球鞋在泥水地里穿行。六点一刻的时候，三毛已经坐在教室里开始晨读。一天紧张的学习结束后，已经是晚上十一点了。等回到家后，三毛还要完成一百道算术题。此时她早已经困得睁不开眼，在喝过一大杯牛奶后，三毛躺在床上很快就能进入梦乡。

等她再睁开眼，时钟已经走到了第二天早晨的凌晨五点半。同样艰苦的一天又开始了。

真正让三毛感觉愁苦的并不是每天的早起晚归，而是她的老师。为了应对督学的检查，上课的时候白天只教教育部规定的课本，晚上老师就会让学生做她自己出售的试卷练习题。虽然参考答案就在练习题的最后一页，但老师不许他们看。做完之后，同学们会彼此交换批改对方的试卷。老师其实并不讲解试卷，每天早晨她都会准时在教室检查前一天晚上的补习试卷，如果谁的分数低于86，就要挨十四下竹鞭。老师会要求学生在挨打时主动挽起衣袖。三毛只记得很多同学手臂上的红印子一直没有消散过，总是旧伤之上再添新伤。但老师也不是每天都会打人。有时候老师心情不好，她就会懒洋洋地坐在讲台前面，命令成绩差的学生走到她面前，然后用力去捏学生的眼皮。老师体力好的时候，就会自己走到被罚学生座位前面，一手抓着一个同学的脑袋，使劲把两个脑袋撞在一起。没有人不害怕老师的体罚，三毛更是每天都提心吊胆，生怕哪一天自己会成为那个最不幸的人。

当时入学是没有年龄限制的，三毛读到五年级的时候才只有十岁半。母亲看着三毛每天这么辛苦地读书，心中自然也是舍不得的。为了不让三毛挨老师的打，她一边安慰三毛要多忍耐，一方面又私下答应给老师送一些做衣服的布料，这才让三毛免去很多不必要的竹鞭。

在母亲的影响下，三毛每天睡前都会做祷告仪式。母亲告诉她要向上帝祈求幸福、健康和平安，但三毛每天都在祷告要让老师摔断腿或学校失火，这样她第二天就不用去学校了，也就不用面对老师的鞭打。然而三毛的祷告一次也没有灵验，于是她第二天早晨依旧不得不准时起床，硬着头皮面对不可预知的各种刁难。

当时，每天午饭后有十五分钟的自由活动时间。三毛在快速吃完便当后都会骑到操场中一棵大树旁，她总是从树荫下远远地偷看老师。老师经常穿着一件贴身的旗袍，腿上是玻璃丝袜，阳光照过来的时候还会隐隐发亮，脚上的高跟鞋走路发出的嗒嗒声让三毛痴迷不已。虽然老师很严厉，但在三毛眼中她依然是最美丽的女人。老师的高跟鞋、碎花旗袍、卷曲头发、口红、项链、丝袜都是另一个世界的象征，是和三毛现在被“囚禁”的岁月完全不同的。这位女老师那时候只有 26 岁，三毛爱上了老师的丝袜，爱上了老师可以穿漂亮衣服的年岁。三毛曾写道：“想到二十岁是那么的遥远，我猜我是活不到穿丝袜的年纪就要死了，那么漫长的等待，是一个没有尽头的隧道，四周没有东西可以触摸而只是灰色雾气形成的隧道，而我一直踩空，没有地方可以着力，我走不到那个二十岁……”然而这样发自内心的叹息却被老师评为价值观不正确，最后三毛不得不重新写了一篇作文来交差。

三毛对于二十岁的渴望几乎麻醉了她大部分的上课时间。有一天她正在畅想着自己二十岁时穿丝袜的模样，却忽视了听老师讲课。忽然一个黑板擦从天而降，准确地打在了三毛的额头上。三毛从美好的幻梦中惊醒，顶着满头粉笔灰跑出了教室。她坐在操场的那棵大树下面哭了很久，这时她又想到了学校中曾经有一个校工上吊死了。三毛心中期盼着母亲赶紧给老师送布料来，同时却又生起了想死的念头。这一年三毛只有十一岁，她最终没有拒绝掉成长到二十岁的诱惑，所以也不会像是校工一样用上吊的方式结束生命。后来，老师把她拉到了教室，并用毛巾给她擦了脸，回过神的三毛对老师深深鞠了一躬，说了一句“对不起”。

然而有一天，老师并没有检查试卷，她只是有气无力地坐在前面，问今天是谁最早到学校的。大家都指向三毛。三毛的心突然狂跳起来，不知道自己犯了什么错。老师问她有没有见到一个日记本，三毛摇了摇头。老师也没追问，只是让她给六年级的李老师送一封信。三毛拿着信封走出教室后，偷偷地拆开信看了一眼，上面都是她看不懂的日文，唯有两个汉字让三毛惊慌失措。“恶魔”，三毛只认识这两个字，她想不清楚为什么老师会对同事说出这样深的诅咒。三毛偷偷又把信封好，递送给李老师后若无其事地回到了自己班里。

晚饭后，三毛听同学说老师正在大礼堂弹风琴。三毛和几个女同学从窗户缝中偷偷看去，只见六年级的李老师和她们的老师坐在同一条凳子上，李老师的一只手还挽在了老师的腰上，老师往常那张恶狠狠的脸上现在满是幸福的微笑。正在大家要继续看下去的时候，不知道是谁作怪喊了一声“吊死鬼来了”，大家惊呼一声纷纷跑开了。等长大一些后三毛才明白，当年老师脾气不好只是因为正在经受爱情的折磨，她对学生的体罚只不过是在缓解自己内心的煎熬。当时三毛隐隐地意识到，到了二十岁之后或许不只是有丝袜和口红，还有一个她自己描摹不出的东西在萌动。但在当时艰苦的求学岁月中，这种青春期的幻想很快就被试卷替代了。

最终，学校私自补课的事情还是被督学发现了。督学没收了他们的参考书，大家得到了十天的休息。这十天中晚上虽然不用再到学校补课，但每天回家的作业却增多了。若不是已经读初二的姐姐看三毛太辛苦而主动帮她处理掉一些，三毛恐怕每天都要挑灯夜战了。

十天后，夜间补习的日子又一次卷土重来。老师在课堂上说："我给你们补习是为了让你们将来考上好的初中，做个有用的人，这一点相信你们能谅解我。补习费老师收得也不多……"说到这里，老师竟然落泪了。三毛终于开始领悟到老师的良苦用心，因此也就不再有太多抱怨。

一旦全身心投入到一件事情中，日子就总是过得很快。庆幸的是，三毛最终考上了台湾最好的女生中学。父母带着三毛去感谢老师的培育之恩，老师的脸上再也没有出现过常见的阴霾，她摸了摸三毛的头，送给她一个笔记簿，并在扉页上写上"陈平同学，前途光明"八个正楷字，算作是对三毛的美好祝愿。

三毛二十岁的时候，又一次拿出老师送的笔记簿。她抚摸着这几个字，庆幸自己一年又一年地活了下来。现在她终于到了穿丝袜的年纪了，当初的毛毛虫也已经蜕变成美丽的蝴蝶。她早忘记了当初面对老师责难时的忐忑，属于她的故事才刚刚开始，未来的路正在铺开。

爱情来了

成长像是一枚尚未熟透的果实，虽然有着期许中的美好，但口味却是青涩的。三毛的成长显得淡然许多。很多女孩子第一次来月经的时候都会吓得不知所措，三毛在面对自己的第一次时，她独自用棉布垫好内裤，然后告诉母亲："我已经不再是个小女孩了。"从此以后，三毛开始了自己的少女人生。

属于少女的时代，多半是和爱情有关的。青春的懵懂让这些少男少女们开始对异性产生好感，但彼此之间却又像隔着永远也捅不破的窗户纸，互相猜忌又互相爱慕，各自都忍受着彼此的纠结，却又乐此不疲。在这么美好的年纪里，三毛也开始渴望恋爱。每当看到年轻女老师那充满弹性的腿部被薄薄丝袜包裹起来的样子，三毛就会想到自己二十岁时候的模样。为了能够如女老师这般美丽，为了能往自己的腿上套上闪光的丝袜，三毛已经等不及要赶快成长了。

校园生活总是枯燥的，为了释放青春的萌动，三毛和六位女同学组成了一个同盟会，叫“七姐妹”。七个要好的女孩子整天谈论学校中哪位男生最招人喜欢，讨论谁又和谁在上课的时候偷偷传纸条……异性，永远都是他们谈论不完的话题。尽管彼此心有所属，但她们中没有一人敢于迈出禁忌的第一步。她们和男生走在一起的时候，谁也不敢去碰男生的手，因为女生间都传说碰了男生的手就会怀孕。三毛是几个人中读书最多的，自然就成了“七姐妹”的队长。但男女间的这些事，三毛也只是在书中略微看过，她自己却也如白纸一张。

为了确立自己的领导地位，三毛决定要做一件犯大忌的事情，她要带领自己的姐妹团和心仪的七位男生约会看电影。那天的夜色很是不错，每个女孩子心中都怀有“鬼胎”，可谁也不会主动讲出来。男孩子们早就在电线杆后面等着了，看到几位女孩到来，他们似乎也有些高兴。男孩先买了票进场，为了避免引起猜疑，又隔了好一段时间女孩们才买票进场。那是一场和感情没有任何关系的电影，男孩和女孩的座位隔了半个电影院的距离。虽然最后什么也没有发生，但几个女孩终于尝到了突破禁忌的刺激，心中的防线也正在一点点瓦解。

三毛是有一个暗恋对象的，她一直称他为“匪兵甲”，称自己为“匪兵乙”。这是因为三毛曾和男孩共同出演过为六年级毕业生准备的欢送话剧，他演的就是匪兵甲，三毛演的是匪兵乙。虽然二人都只不过是群演的角色，可爱情总是如此奇妙，它在谁也不曾料到的地方悄悄地自我生根发芽了。

情窦初开的三毛沉浸在这种朦胧而又神秘的感觉中无法自拔，以至于在几十年后她仍然可以详细地描绘出当年那名男生的样貌。她说："只记得他顶着一个凸凸凹凹的大光头，剃得发亮的头颅在人群中总是能够被一眼认出，他头上总也有一圈淡青色的微光时隐时现。"

爱上一个人，是幸福的，更是痛苦的。尤其是在十几岁的花季中，爱情来得太早，早得他们都还不晓得爱情是什么。就像是春天早开的花朵一样，一旦寒潮来临，他们总是太容易受伤。

自从那个男孩走进了自己的心中，三毛睁眼闭眼都是男孩的形象。她无时无刻不想着男孩正在做什么，有没有想自己，自己今天的丑态是不是被他看到了……三毛开始在内心编织起属于一个女孩子的疯狂幻想。在那场美好的梦境中，三毛只看到了自己对感情的追逐，却不知道这样早开的花注定是要早落的。虽然此时的幸福是别人不解的，最后的痛苦却又是别人不齿的。为了担负起感情的重量，三毛需要付出很多。

每次和男孩擦肩而过时，三毛的脸颊上都会飘过绯红。很多时候三毛会在校园中无目的地游荡，她在潜意识中寻找着男孩的身影，哪怕只是看上一眼，也足以让三毛高兴整整一天。三毛期望在对方的眼神中也看到同样的炽热，但男孩回应给她的永远只是冷冷的淡然，这让三毛的内心痛苦不已。

感情中的当事人永远都是后知后觉的，但这份没有说出口的爱慕早已经被他人看穿。一些淘气的男孩子开始故意起哄说三毛对一个外号叫“牛伯伯”的男子有意思，这种无聊的论调让三毛很是反感。最开始她假装不理会，谁知男孩子们就更加嘲笑三毛的痴情。被说怒了，三毛还和这些男孩子们打了一架，虽然最后成功制止了谣言的流传，可三毛为爱情而英勇献身的故事并没有得到心仪对象的认可。

这一日，百无聊赖的三毛正在校园中散步，却远远看到那个叫“匪兵甲”的男孩被“牛伯伯”压在身下。“牛伯伯”抓起一把土塞到了男孩的嘴里，可怜的“匪兵甲”只是无力地在地上滑动着四肢，根本做不出任何反抗。三毛当时很想上去把“牛伯伯”从“匪兵甲”身上揪下来，告诉他自己喜欢的人是“匪兵甲”，而不是只懂得欺负弱小的“牛伯伯”。但三毛最终还是忍住了，她跑到女厕中哭到几乎呕吐。虽然尚不懂爱情，但三毛知道自己的逃避，这意味着她对这段还没来得及开始的感情放手了。曾经有多少个夜晚，三毛都会想象着“匪兵甲”的模样入睡，现在她才明白这一切都只不过是一场自导自演的独角戏，所有的坚守和期盼都是她自己想象出来的美好，她爱上的只是一个自我设定的完美的男孩，永远都不是那个被人欺负后却只会苦苦忍受的“匪兵甲”。

当时的三毛并不知道，过早的爱情总是会伴随着自我的过度解读。这是一种青涩的喜悦，这样的感觉会伴随她一生的时间。直到真正在对的时间遇到对的人，那时由心而发的感觉才叫爱情。现在，他们只不过是进行了一场热身罢了。

蝴蝶与刺猬

从小学到初中，三毛正在历经一场重要的转变。面对新的课程，三毛的学习兴趣被充分调动起来。美术、音乐、英文、历史、国文、博物……仿佛每一门课程后面都藏着一个等待她去发现的新世界。三毛渴望能用知识填满自己的内心，因为只有在文字的背后，她才能真正给自己的那颗渴望自由的心寻找到寄托的地方。然而，等到真正开课的时候，一切又都不是她想象中的模样。

三毛本以为老师会把这些课程讲得非常生动，会为她打开一扇了解整个世界的大门，可这样的想法只不过是她自己的一厢情愿。原本是为了培养艺术细胞而开设的绘画课，老师只会在前面摆上一个蜡质苹果，然后整整一节课都让学生们自己去画。如果是上历史课，老师就会让学生们用笔在书本上画出大量的考试重点，然后要求每一个人都能熟背下来。音乐课上就只是简单的唱歌，各自唱自己喜欢听的，而不是从音符、乐理等方面培养每一个学生的音乐基础。很多时候，三毛都会对这样死板的教学失去信心。她不明白这样按部就班地去学习的意义何在。她想要一个新的世界，而不是成为知识的承载器。

文学和美术是三毛最渴求的两种知识，但在这两门课程上，三毛却根本学不到自己想学的东西。她是一个具有创造性的孩子，她希望能把自己内心的世界通过文字和绘画的方式表述出来，但学校的禁锢让她无法自由地去表达自己。每当良久的期许最后落空时，三毛都会对单调的学校生活产生深深的失落感。

正因为平时课堂的无聊，三毛才特别珍惜课余的时间。每当暑假来临时，三毛都会重新跑回到租书店中，回到那片毫无限制的文学的海洋。然而这一年的夏天，三毛却在家中发现了另一片天空。

大概是因为难得的好天气，父亲把屋子中的一个大樟木箱子搬出来晒太阳。百无聊赖的三毛在箱子中随便翻找着，却在一堆旧衣服下面发现了一整套中国通俗小说。这对三毛来说是最大的宝贝。那已经泛黄的纸张全都用白棉线整齐地装订着，书中还有工笔勾勒出的插画，每本书的封面上都用白纸做底、小楷写着书的名字，《水浒传》《儒林外史》《今古奇观》……三毛爱不释手，把这些老旧的书本当成是一件难得的艺术品中在手中摩挲着。那个下午，三毛只觉得时间过得太快，她还来不及把所有的书都整理出来，太阳就已经落山了。

自从发现了父亲的这些“宝贝”，三毛本是很惊喜的，却又因为自己没有那么多的时间去一本本阅读而丧气。因为担心租书店中自己喜欢的书被别人租走，她用零用钱租下了《复活》《罪与罚》《死灵魂》《战争与和平》《卡拉马佐夫兄弟》《狂人日记》《安娜卡列尼娜》等大部头的著作，而且都是要限时归还的。现在又凭空多出来这么多中国小说，三毛突然不知道该怎么去安排阅读的时间了。唯一的解决之道，就是要放下身边的一切事务，除了吃饭睡觉她都在埋头苦读。父亲看到孩子爱读书，心中也是欢喜，但又担心三毛的身体，所以一次次要求三毛不要太沉迷于书本中。可三毛早已经一心沉浸在书中的悲喜里了，早已经忘记了现实世界中的冷暖。

为了能抓紧一切时间看书，三毛经常在上下学的公车上抱着司机后面的柱子苦读。那段时间中，她还阅读了从大伯父书架上找到的《孽海花》《六祖坛经》《阅微草堂笔记》《人间词话》等，同时还看了日本作家芥川龙之介的很多短篇小说。三毛对书的喜爱，已经到了痴迷的程度。仿佛只有在文字的海洋中，她才能变成一只自由自在的蝴蝶，不需要再去在意其他任何人的眼光，只有她自己在闪耀着五彩之光。

对于文学的痴迷，给三毛的成绩带来了严重的打击，偏科严重成为三毛在中学时代最头疼的事情。她在国文、

地理、英文等文科课程上可以很轻易地拿到好成绩，但在理科内容上经常会得到不及格的分数。每次考试，三毛的综合成绩都是刚刚过水平线。虽然避免了留级的风险，但三毛对理科课程毫不重视的态度却成功地引起了数学老师的注意。

其实，三毛并不是学不好数学，她只是根本就不想触碰这些毫无感情可言的数字。数学老师对这一故意的行为忍无可忍，他直骂三毛是头猪，并扬言一定要好好修理一下这个倔强的女孩。三毛也是个爱面子的人。既然数学老师这样羞辱自己，她就要用实际行动来证明自己并不是数学方面的“低能”。于是三毛暗自好好用了一番工夫，在接下来的三次考试中，她都取得了满分。本想以此来邀功，却不想数学老师当着全班同学的面污蔑三毛的试卷是抄袭的。三毛高声和数学老师理论，试图证明自己的清白。数学老师只是很轻蔑地嘲笑了一声，然后拿出一张试卷让她当堂做，如果还是能得满分，他就会承认自己错了。

三毛当然没有把这样的小测验放在心上，她胸有成竹地接过试卷。可等她仔细看题目时才真正傻了眼。原来老师给她的试卷上的题目全都是还没有讲过的新的知识点。三毛的脸上现出了惊恐和绝望，最后她竟一道题也没有解答出来，交上了一张白卷。老师把三毛叫到讲台上，用毛笔在她脸上画了一个大大的鸭蛋。等三毛转过身来，全班同学全都哄堂大笑。三毛的眼泪再也忍不住，扑簌簌地砸落在教室的地上，落进她一生都弥补不好的内心深处。

曾经是老师眼中的最爱，现如今的三毛却只能无助地哭泣。有好心的同学拉着她去洗脸，可三毛还是抑制不住伤心。她从来没有想过会遭受老师这样的羞辱。就在前一天，她还会为自己第一次来月经而高兴，为自己从一个女生成长为女人而高兴，今天老师却让她在所有同学面前丢尽了脸，更何况下面坐着的还有她心仪的男生。三毛越想越气，最后竟不知脸上挂着的是自己的泪珠，还是永远也无法风干的水珠。

那天之后，属于三毛的快乐童年就彻底远离了。她每天都在挣扎着去慰藉自己的心灵，却总是遭到其他人这样或那样的羞辱。三毛开始变得越来越阴沉，她经常想要把自己封闭起来，像是一只刺猬一样把所有自我保护的刺都指向了别人。她孤僻地成长着，逃避一切可能触动感情波动的事件。只是没有人知道，在她内心最柔软的地方，还有一块净土属于文学。你若从来没有踏入过这里，恐怕也不会了解三毛的故事。不管是蝴蝶还是刺猬，这都是最真实的三毛。她不在乎别人怎么看她，只想活出自己喜欢的模样。这样的愿望既微小又庞大，三毛用尽一生的时间才终于实现了当初的希冀。

三毛“病”了

因为难以忍受老师的羞辱，三毛对学校产生了深深的恐惧感。自小就喜欢在墓园游荡的三毛，再一次来到这个清冷的地方。她就这样安静地待在墓园看书，学校、同学、老师还有家人都被她放在脑后。当她越沉浸在这样的宁静中，就对学校越厌恶。后来她干脆开始逃学。为了避免被发现，三毛总是逃两天课，再上两天课。借助于这样的鬼把戏，三毛成功地把自己逃课的事实隐瞒了一年多。

但纸里终究包不住火。一年后，父亲发现了三毛逃课的事实，同时也追究到了她不再爱去学校的原因。三毛抓着父亲的手，生怕被他责备。但父亲只是怜爱地看着自己的女儿，他为不能有效地保护亲爱的孩子而伤心。他眉头紧蹙，似乎在思考应该怎样应对当下的境况。最终，父亲选择给三毛转学，希望她在离开这所噩梦般的学校后能够重新回到正常学生的状态。

但那位老师给三毛造成的心理创伤实在太大了，她已经对上学产生了深深的恐惧。在去新学校报到的第一天，三毛因为莫名的紧张而造成呼吸困难，最终晕倒在学校走廊里。第二天，三毛只上了一半就再也控制不住内心的情绪，她发疯一般地跑出学校，希望能赶快消失在谁也找不到的地方。在所有老师和同学眼中，三毛俨然就是一个问题学生。

不仅如此，三毛在家中同样也表现出很多反常状态。她开始和堂弟打架，还用钢梳扎破了堂弟的脸，这让母亲给大伯父赔了多少不是。从此以后，大伯母再也不允许堂弟和三毛一起玩了。没人的时候，三毛经常用刚烧开的水浇花。看着鲜艳的花朵在滚烫的水汽中一点点枯萎，三毛的脸上竟然会浮现出诡异的微笑。

直到此时，父亲才意识到自己的女儿病了。

父亲偷偷带着三毛去做了一次智力测试，得到的结果只有六十多分。测试人员告诉父亲，这个结果仅相当于三岁的小孩。他们告诉父亲，这个小女孩的脑子已经烧坏了。但父亲不会对孩子轻言放弃。他对三毛的慈爱并没有因为她怪异的行为而减少。母亲是个虔诚的信徒，更是每天都要替三毛祷告。然而这一切都只让三毛觉得自己被禁锢起来，没有人理解她的孤独和无助，仿佛所有人都认为她是需要特殊照顾的对象，谁也走不进她的内心，不明白她真正的需求是什么。

终于，三毛失去了继续活下去的勇气。在一个寂静的深夜，三毛用刀片划破了手腕。看着殷红的鲜血从指尖滴落，那在地上绽开的红色花朵越来越密集，三毛几乎要晕厥。她仿佛看到自己慢慢被花朵包围，眼前出现了温暖的光亮。三毛只觉得眼皮越来越沉，待到正要沉沉睡去的时候，却又听见母亲正在一遍遍大喊自己的名字。三毛用尽全身力气睁开眼睛，只见母亲正抱着自己涕泗横流。她不愿意看到父母为自己伤心，三毛勉强给母亲挤出一个微笑，然后就失去了意识。

或许，在三毛微微一笑的瞬间，她会明白在这个世界上并不总是完全的黑暗。哪怕全世界都将她抛弃，唯独父母是她永远的避风港湾。

这件事后，父亲做出了一个充满怜爱却又无可奈何的决定，他决定让三毛休学，自己和妻子将担负起教育和保护三毛的全部责任。

少却了学校的拥挤环境，三毛心中的警戒才稍稍放下一些，她又重新燃起了对知识的渴望。每天下午，父亲下班后都会和三毛交谈一会儿。他们会谈起唐诗的浪漫，会谈起昆曲的婉约，会谈起某个作家的人生，在父亲的带领下三毛可以在文学的海洋中自在畅游。三毛永远都会记得这些年的黄昏有多么温柔，父亲的微笑永远是慈祥的，照在身上的阳光永远都是最温暖的。

要担负起三毛的教育，父亲陈嗣庆和母亲缪进兰的能力是完全没问题的。父亲毕业于东吴大学，曾在学校任教多年。他语重心长地告诉三毛，即便是不去学校读书了，也不应该停下学习的脚步。三毛尤其记得父亲给自己讲《古文观止》，她每一篇都能很快背诵下来。但父亲也只是教给三毛如何读古文，三毛真正的兴趣点却还是在小说上，她自己只能在其他时间去阅读喜欢的作品。所幸父亲并不在乎三毛看什么，只要是她感兴趣的，一切都可以成为学习的教材。三毛看书的范围也越来越广泛，很多英文原版的书成为三毛新的兴趣点，如《李伯大梦》《渴睡乡的故事》《爱丽丝漫游仙境》《灰姑娘》等。她虽然很早就读过这些书的中文译本，但她还会再看英文本，边读书边学英文。

母亲更是无条件地支持三毛读书。她每次上街时都会给三毛带回来几本英文漫画书。这些书中的对话相对比较简单，因为有图片做注解，所以会让三毛学习英文的过程变得有趣起来。三毛的悟性高，不久之后她在英文上的学习也有了很大提高。

就是在父母亲的慈爱中，年幼的三毛一点点找到了人生的方向。爱，让她再一次坚强起来，让她学会直面人生中遇到的一切困难。未来还有更多的未知，她这朵尚未来得及绽开的花朵不应该这么快就凋零。

自己的回声

在当时的社会环境下，很多人都选择了辍学。大多数人不上学之后都会去混太保妹，青春的悸动浮躁在这些人的骨血里。三毛是一个安静的人，性格中的孤僻注定她无法融入太保妹的世界中。真正休学后，三毛就更不喜欢出门了，她开始把大部分的时间都花在读书上，在这片孤独的文字海洋中，三毛正用心体会着真正属于自己的自由。

街角的租书店已经无法满足三毛的需求了，每次上街时她都会把好不容易攒下来的零用钱用来买书。可攒钱的速度远远赶不上她读书的速度，无奈之下三毛就把以前读过的作品拿起来重新读过。此时她惊讶地发现，那些以前熟读过的故事现在重新捡起后竟然又有了不同的领悟。最开始时，三毛的私人藏书只有零星几本。随着阅读量的增加，三毛屋子中的书也越来越多。当这些颜色各异的书本整齐地摆放在一起时，这道靓丽的风景成了三毛最值得骄傲的地方。

在三毛休学的这段时期，姐姐考上了女子高中。巧合的是，姐姐也表示无法忍受数学课程，在和父母多次谈心后，姐姐说出了希望能够去学音乐的梦想。最终，姐姐放弃了进入省中学的机会，而是进入了台北师范学音乐，主修钢琴，辅修小提琴。因为要到台北去上学，所以姐姐就需要住校，原来的两人房间现在变成了三毛一人的单间。失去了读书好伙伴的三毛刚开始还会觉得孤单，但自从发现房间过于空旷后，她就上街去买了一个竹子做的书架。为了这个书架，三毛花光了所有的压岁钱。她把自己珍藏的几十本书全都整齐地摆放在书架上，每当细细摩挲这些书本的书脊，就像是在细数人生中最珍贵的收藏。

一年后，三毛买的小书架已经满了。有一天她外出回家后惊讶地发现卧室内竟然多出了一个书柜。这是一个狭长的柜子，一共有五层，上下各有两个玻璃门可以关上，以防止灰尘落满书籍。三毛兴奋不已，她把刚买的一些年轻作家的书全都放到新书架上。三毛不知道，也许在未来的某一天，也会有一个如她一样爱书的人会把她的作品整齐地放在干净的书柜中。在漫长的文学长河中，她不会是第一个对文字产生热爱的人，自然也不会是最后一个。

三毛的新书架，俨然就是一个小小的图书馆。这里不仅有新近上市的年轻作家的畅销书，更有梁实秋先生翻译的《莎士比亚全集》，同时还有各种世界名著的原版书。和一些普通的文学爱好者不同的是，三毛酷爱读一些具有哲理思考性的作品。三毛喜欢读哲学，她认为只有这样的作品才是人类智慧的结晶，是可以历经时间的洗涤而永远都不会被淘汰的作品。但这些大部头的哲学作品都很贵，三毛只能花比较少的钱去买翻印的版本。虽然无法品尝到阅读原版的乐趣，三毛对伟大作品的饥渴还是因此而得到了些微缓解。

为了买到自己喜爱的版本，三毛在以后的人生中常常会为了某一本书而远赴中国香港、日本去。每当带着自己心仪已久的书回到家中时，三毛的心中就会装满沉甸甸的富足感。

在正式休学后，父母亲对三毛的教育整整持续了七年，三毛也因此得到了难得七年的自在时光。虽然可以在家阅读，但当父母都去上班而留下她一个人在家的时候，三毛的日子中还是充满了孤独感。为了解闷，三毛经常会自言自语，有时候还会对着家具和墙壁说话。空空屋子中传来她微弱的回音，这让三毛觉得很有趣。三毛说她非常喜欢一则希腊神话，故事中讲道：有一位叫 Echo 的山林女神因为貌美而遭到了天后赫拉的妒忌，遂被贬下凡。有一天 Echo 在树林中遇到了一个名叫纳雪瑟斯的美男子，Echo 对他一见钟情。这件事被赫拉知道后，她对 Echo 施下了残忍的魔咒，使 Echo 永远都只能重复他人说过的话的最后三个字。Echo 虽然很悲伤，但她却一直跟在纳雪瑟斯的身后，希望他能明白自己的心意。

纳雪瑟斯发现了 Echo 的意图，他拒绝了 Echo 的示爱，对她说："别这样，我宁死都不愿让你占有我。"可怜的 Echo 只能重复说了句"占有我"，这让纳雪瑟斯认为 Echo 是一个轻薄的姑娘，因此更坚决了不和 Echo 相爱的念头。

当宙斯知道这一切后，他因纳雪瑟斯的无情而恼怒，因此在纳雪瑟斯正在水面上欣赏自己的美貌时，用魔法把他变成了一株水仙。可 Echo 依旧深爱着他，并且守着这株水仙不愿离去。后来，人们便把 Echo 当成是水仙女神。

三毛被这个凄美的爱情故事打动了。她把 Echo 作为自己的英文名字，希望自己有一天也能为了爱情而奋不顾身。Echo，"回音"，三毛期待的并不是一段凄美的爱情，而是她内心深处对自我的渴望。她渴望能听到自己心灵深处的声音，告诉自己人生之路应该怎么走。可是没有人能听到这样的声音，于是她只能在文学的森林中一直寻觅着，不知不觉忘记了来时的路。

三毛还记得芥川龙之介写过一个故事叫《河童》，说的是一个叫卡帕的人生在蛙人国，在那里每个孩子都有决定自己是否要出生的自由。蛙人国中的一切都是和现实相反的，他们信奉生活之神，凡是在现实中得不到认可的艺术家们，如，尼采、梵·高、瓦格纳等都是他们那儿的神，人们在这些神的带领下开始了诗意生活。三毛也一度希望自己生活在蛙人国中，她热爱文学和艺术，却并不喜欢现实的生活。最明显的表现就是，她热爱一切书籍，却从来不喜欢那些找自己来借书的人。

三毛喜欢读书，自然也会买很多书，所以就有很多年龄相仿的孩子来找她借书看。但这些书都被三毛视作珍宝，她不好意思拒绝别人的请求，可对方借完书还没有走出门时她就已经后悔了。如果是个爱书的人，三毛还可以忍受与自己书本的暂时别离。如果来借书的是个不爱书的人，当收到还回来的书时，看到被蹂躏地不成样子的书本，三毛的心总会难受好一阵子。更何况，还有好一些人借走了书就再也没有还回来。

三毛的堂哥有一个学音乐的同学曾经来借过书，对方刚刚出门，三毛就从后面追了上来。本想把借出去的书再要回来，可三毛实在不知道该怎么开口，只得勉强叮嘱了对方一句“看完了记得赶紧还回来”。说完，三毛的眼泪都快要掉下来了。

这位同学本是个非常守信的人，怎奈那一年他们家住的地方发大水，整个家都被淹了，三毛借出去的书也不知道被水冲到了哪里。尽管他曾托人来向三毛道歉，但三毛仍然难掩心中的气愤。自此以后，不管是谁来借书，三毛都像是个吝啬鬼一样从来不外借一本。唯独有一个叫王恒的人，是个例外。

王恒是个学音乐的学生，但他对文学有着与三毛一样的爱好。两人经常在一起探讨书中的内容，三毛从来没有和谁有过如此深切的畅谈。能有人和自己分享，这是人生中最快乐的事情，她和王恒的友谊也因此而生根发芽，并且成了一辈子的朋友。当时二人经常互相借书，王恒每次来还书的时间都非常准，甚至还会多带来一两本自己的书借给三毛看。正是这一份难得的友谊，如同一缕阳光，在三毛枯寂的内心中开出了花。

父亲虽然也支持三毛看书，但他也害怕三毛会因此变成一个只生活在文学世界中的人。有一天，他问三毛："你就这么一直埋头苦读，有没有考虑过自己将来去做什么？还不如去学个一技之长。"三毛摇了摇头。她没有想过通过读书去换取功名利禄，那是对书籍的亵渎。真正在书海中找得到阅读的乐趣，才是书籍之所以存在的意义。三毛已经厌倦了去做规划，对她来说，能活得自在，比一切所得都更重要。这样的生活理念，三毛用了一生的故事去验证。或许仍旧有太多人不理解她，但她却因此而成为众人羡慕的传说。

第三章

绘画，开启人生另一种可能

有些意外来自上帝

三毛的 13 岁，是在孤独和忧郁中度过的。

她开始越来越不喜欢和外界接触，更甚至要求父亲将卧室增加了铁栏杆，还在门上上了一把大大的铁锁。似乎只有这样做，才能确保外界的影响不会偷偷跑到她这个小天地中。只有在这时候，三毛才觉得自己的世界是可以被自己掌控的。最开始时，她还经常出来和家人一起吃饭。但依旧还在上学的姐姐和弟弟难免会在饭桌上谈起和学校有关的事情，这总是会让三毛为之一颤。慢慢地，三毛越来越把自己的内心封闭起来，甚至每一餐都要母亲送到门口，她把自己堵在小屋子中完成了一个人生存所必需的一切。

因为姐姐考上了大学，现在卧室成了三毛自己独属的房间。她在这个世界中可以看自己想看的书，说自己想说的话，没有人去在意她在做什么，她也不需要被人知道自己的行踪。实在无聊的时候，三毛就会一个人到海边散步。面对着无边无际的大海，三毛可以感受到难得的自由、安逸和安全。她通常会哼唱着自己喜欢的小曲儿，看着面前

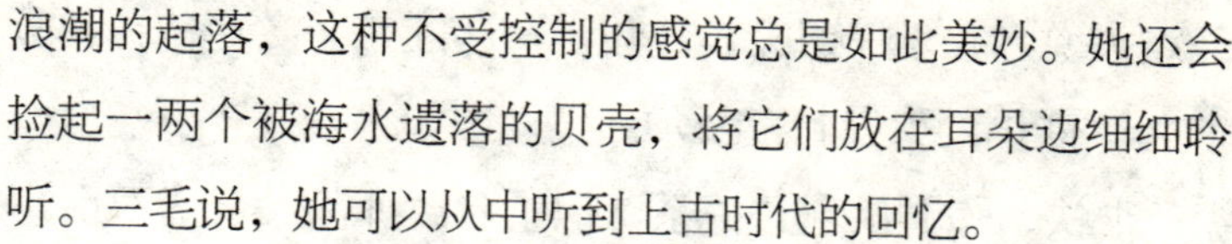

浪潮的起落，这种不受控制的感觉总是如此美妙。她还会捡起一两个被海水遗落的贝壳，将它们放在耳朵边细细聆听。三毛说，她可以从中听到上古时代的回忆。

三毛的内心深处其实是很享受这样的生活状态的，她认为在这种非常自我的仪式中可以充分感受到来自于自然和自我的灵性。如果有一天她也能化成那一枚小小的贝壳，在未来也会被某个小女孩捡起，她会告诉她属于自己的一切秘密。原来，三毛也是渴望被人理解的，她希望有人能真正静下心来去倾听自己的诉说，只是她比所谓的正常人更不知道怎么去表达罢了。

虽然三毛自己并不介意这样的生活状态，但父亲陈嗣庆却有完全不同的想法。他为女儿如此浪费青春的美好而感到不安，或许给她找一些有意义的事情做，才可以很好地安抚下她那颗不知该如何安放的心灵。陈嗣庆每每看到女儿眼中闪出的和所有邻家孩子一般的天真光芒，他都无法相信在这幅童真面孔的背后会隐藏着一颗时刻在躲避着阳光的心。陈嗣庆决定，必须要给三毛找一个可以培养的爱好。

那是一个初春的时节，台湾早已经处处都是鲜艳的花苞了。陈嗣庆把女儿叫到身边，问她想不想要学画画。三毛先是一愣，不明白父亲为什么要这么问，但她又想起了幼年时曾看到过的画布上的美丽姑娘。三毛动心了。她的心中住着一个丰富多彩的世界，她需要用某种方式把这个世界表达出来，而画画，则是最直观有效的表达方式。三毛点头说愿意，陈嗣庆非常开心，这世界上终于有一件书本之外的事情可以让三毛动心了。

很快，陈嗣庆通过关系认识了台湾师范大学艺术系的黄君璧教授。黄老师是一位非常知名的画家，他在传统山水画上的造诣非常高。陈嗣庆带三毛拜了黄老师做师父，陈嗣庆的目的很明显，他希望女儿能接受到更多的传统文化的熏陶，希望女儿能在名家的带领下真正提升内心的高度。黄老师在绘画上的造诣是毋庸置疑的，他采用的教学方式却也是最传统的，三毛的绘画就是从一笔一画、一招一式的临摹开始了。黄老师的教学方式非常单调，每天上课时的必备工具只有一杯茶、一炷香，三毛要每天都是从研墨开始，然后就是不断地临摹。这样的慢节奏显然并不适合三毛，她从中根本无法体会到中国画的魅力，她只觉得每一次的上课都是枯燥且无聊的，于是这样的课程只坚持了两个星期便宣告结束了。

好在父亲并没有责备她。深谙教育之理的陈嗣庆知道，在如何教育三毛这件事情上需要的是耐心，而不是拔苗助长。在告别了黄君璧老师后，陈嗣庆又继续给三毛物色合适的老师。机缘巧合下，他结识了年轻的邵幼轩老师。邵老师是一位性格非常温和的女先生，虽然在艺术造诣上和黄君璧老师有不同，但邵老师同样是绘画上的行家。她曾经受到过蒋经国的高度赞赏，还被美国各大艺术学院聘请为终身教授。陈嗣庆在和邵老师详细介绍了三毛的状况后，邵老师表现出了如同母亲一般的慈爱。她或许早已经看透三毛的不平凡，所以并没有按照常规的方法来教三毛绘画的基础，而是给了她更多的时间去自由创作，去画她脑海中可以想象到的一切。

这样的授课方式很得三毛的欢心。她曾经用画笔画出过渴望自由的鸟儿，画出过随心遨游的鱼儿，画出过从来无人触及的星空。三毛的每一笔画，都是她内心真实的诉说，是那被压抑的太久的灵魂的释放。

在邵老师看来，三毛在绘画上是具有非一般的灵性的。她甚至认为，三毛画出的某些作品的灵动传神甚至可以超越自己。她为能教导这样一位不寻常的女孩而开心，并且也有信心把三毛培养成足以令万千人欣赏的画家。很多年后，三毛已经可以画出人们交口称赞的作品了，她继承了邵老师花鸟图中的婉约，却也有自己独特视角下的思考和态度。三毛正在一点点地把自己世界打开，那该是多么令人惊叹的一种奇迹！

爱上毕加索

三毛有一个二堂哥，他和三毛一样也是一个性格叛逆的孩子，同时和三毛一样也是休学在家独自去研修喜好的科目。不同的是，三毛热爱的是文学和绘画，二堂哥热爱的是音乐。这个爱音乐的二堂哥虽然并不画画，但他却很喜欢毕加索。这一天，他带三毛去看了毕加索作品的展览。当那幅用大块的色彩拼贴去表现纳粹暴行的《格尔尼卡》摆放在面前时，三毛所有的注意力都被吸引住了。她不知道自己正在面对的是一幅多么伟大的作品，她只知道自己也许从此之后会疯狂地爱上这种艺术方式。她的心像是被什么抓走了，在老师的教授中从来没有出现过如此炽热的情感表达，也没有出现过这么癫狂的色彩运用。三毛在潜意识中开始察觉到自己的真正喜好，她需要用某种忘我的方式去表达过于丰富的内心。很显然，那些细腻的花鸟虫鱼并不完全适合三毛。

自此以后，三毛彻底爱上了毕加索，爱上了一个她永远都不可能与之谋面的西方人。在三毛看来，毕加索所有的画作中都在迸发着生命的张力，那奇幻的色彩交织出来的明暗变化正是他对人生的热爱。三毛突然间渴望长大，渴望变成一个成年人，渴望把自己第一次的爱情献给毕加索。

当时，三毛正在绘画风格上产生犹豫，一件非常具有戏剧性的事情恰巧发生了。

在一个非常普通的日子里，姐姐邀请了很多玩伴来家中聚会，其中有一对姐弟，姐姐叫陈缤，弟弟叫陈骥。大家玩得兴起的时候，弟弟陈骥突然发言说要给大家展示一幅画作。当那幅画缓缓展开时，一队骑兵和印第安人正在

激烈交战的场景也呼之欲出。画作中的战马和骑士都受了伤，帐篷车也被烈火燃起，战争的气氛让所有人无法呼吸。或许这样的画作并不适合此时欣赏的心情，很快这幅表达壮烈战争的作品就被丢弃到一边。

恰巧并不太合群的三毛捡起了画作，她蹲坐下来仔仔细细地开始研读起绘画的风格。这是一幅她从来都没有见过的绘画形式，画面中的色彩异常浓重，甚至某些部分还会产生强烈的碰撞感。三毛忽然开始害怕起来，她知道自己是真心喜欢上了这样的绘画形式，但它又和自己接受的教育完全不同。面对陌生的喜爱，任何抉择都是一种不可掌控的冒险。后来陈骥告诉她，这幅画是他自己画的油画。在三毛的追问下，陈骥说他正师从顾福生老师学艺。顾福生，三毛在心中默默记下了这个名字。

在经过百般纠结后，三毛最终把自己想要改学油画的想法告诉了父亲。陈嗣庆感到些许不安。他本打算让这个内心不安定的孩子在国画中受一些熏陶，这或许可以为她找到一种修养身心的方法。如果是改学情感炽烈的油画，陈嗣庆很害怕三毛会控制不住内心的叛逆，从而在与世隔绝的道路上越走越远。但面对三毛的热忱，他又无法说出自己的隐忧。陈嗣庆深爱这个女儿，为了她他付出了比另外两个孩子更多的心血。但现如今他又能做出什么选择呢，唯独答应她的请求才是最好的答案。与对未来的担忧相比，陈嗣庆更不忍心看到她当下受到的伤害。

终于，陈嗣庆和妻子商量后，接受了女儿提出的想法。

他们选择了新潮画派的新秀、国民党高级将领顾祝同的后人顾福生作为三毛新的导师。

请顾老师的过程并不是很顺利，但陈嗣庆最终还是做到了。他并没有详细表述过程中的艰难，而是很轻描淡写地告诉三毛去上课的时间。得知这个消息后，三毛的开心溢于言表。但性格内向的她又开始了莫名的担心，她不敢踏出房门去上课，怕因为没有油画的功底而被顾老师看不起。眼看着已经错过了约好的上课时间，无奈之下，母亲只得致电顾先生重新更改了见面日子。

三毛很是懊恼自己的懦弱，她在房间中把枕芯撕得粉碎，仿佛是在宣告某种决绝。

最终，出于对艺术的渴望，三毛还是战胜了内心深处的恐惧。

当她站在泰安街二号深宅大院外时，三毛一次次在心中告诉自己不允许逃跑。她鼓起勇气按响了顾老师的门铃，穿过一条长满了杜鹃花的小径，来到一个挂满了各种油画的房间，见到了崇拜已久的顾先生。看着眼前这个怯懦的小女孩，老师先是笑了。他问三毛为什么喜欢画画，为什么要学油画。三毛支支吾吾，根本不知道自己当初给出了什么样的答案。就在这样的懵懂中，她跟随顾老师学习的过程真正开始了。

让三毛非常感激的是，在跟着顾老师学习的过程中她完全处于被保护的状态，她不再需要敏感地去面对这个世界的是是非非，而只需要用所有的力气把内心中最真实的自已表达出来。一直在历经着动荡不安心灵的三毛，这一次真正体会到了安慰的意义。

三毛在《我的快乐天堂》中写过这样一段话："多年过去了，半生流逝之后，才敢讲出：'初见恩师的第一次，那份'惊心'，是手里提着的一大堆东西都会哗啦啦掉下地的'动魄'。如果，如果人生有什么叫作一见钟情，那一霎间，的确经历过。"原来，那颗百般纠缠的心一直在渴望着某种温柔来抚平。三毛遇见的，终是期许已久的美好。

从艺术，到文学

顾福生先生是一个风度翩翩的男子，他温和、儒雅，并且包容三毛一切的缺点和小心思，这让这个刚刚开始成熟的少女心中有了爱情的典范。每当自己的身影和先生的身影一起被阳光倒影在墙上时，三毛的心中都会有一丝温暖诞生。她不知道，这大概就是初恋的样子。

当然，三毛并不会认为自己爱上了顾先生。他只是出现在她最需要有人理解的时间中。全身心沉浸在艺术氛围中的顾先生，简直就是三毛最梦想的生活楷模。每当他眉头微蹙地提起画笔时，三毛知道，顾先生即将要表达的是他内心深处的世界。在这个世界中，只有三毛才是他最自由自在的客人。三毛也希望顾先生能成为自己世界中的这位客人。她把这样细腻的情思深深埋在心底，少女的情怀永远都只能够对自己诉说。她经常若恐若惊，生怕自己不注意的一个细微举动会泄露掉心底不能说的秘密。和顾先生一起学习的时间，总是如此甜蜜，却又如此青涩。

当时的三毛还没有意识到，她跟随顾先生的这一段时间，正像是人生中最美好的一段梦境。三毛可以简单地做自己，为喜欢的艺术而努力。顾先生一直在鼓励三毛用想象力去牵引手下线条的走向，告诉她只要她愿意，一切奇迹都可以随心创造。因为生活是自己，没有人可以改变你的生活，你是自己唯一的创造者。三毛喜欢的是毕加索，更应该秉持毕加索的人生态度。只要心中有美好存在，那么创造出来的所有作品都将是美好的。

然而，当你越执着于某一件事情的时候，往往越无法成就其完美。毕加索只有一个，三毛永远都不会成为第二个时代的佼佼者。三毛越是想要表现自己的追求，就越会在僵硬的线条中透露出心中的焦躁。虽然顾老师很包容自己的笨拙，但在连续学习了两个月的课程后，三毛发现自己作品中的问题仍然存在，这让她懊恼不已，甚至一度责怪自己是不是真的是那位老师口中说的“蠢猪”。

终于，这样的负面情绪在一副相当失败的作品中爆发了。

这是一个阴雨天，三毛正坐在屋檐前面画竹子。虽然这只是一个习作，但三毛心中杂乱如麻，她在画布上堆积了一些莫名其妙的颜色，把原本具有纵深感的层次描绘成了没有人能看得懂的写意。当三毛终于意识到应该走到远处看一眼画作后，她恨不得马上把这幅作品撕掉。看着阴郁的天空，三毛只觉得羞愧难当。

突然，三毛流下了悔恨的泪水。她热爱油画，可正是出于这份热爱，才会因为手法上的笨拙以至于无法完全表达情感。这一段充满光明的学习生活像是终究要醒来的梦境一样，三毛一下子又掉进了那个阴暗的深窟中。她自怜、自责，她讨厌看到别人对自己失望地摇头，她不能接受顾先生也会用同样的目光看自己。如果不能做好，那为什么还要做！三毛再也止不住眼泪，蹲坐在地上大声哭了出来。

三毛在学习中大多数时间里都是沉默的，顾先生早已经习惯了彼此间只用眼神交流的默契。然而，第二天当顾先生再一次见到三毛时，他发现这个小姑娘不仅更沉默了，眼神中也失去了渴望的光彩。她低着头不说话，在顾先生的追问下，三毛才勉强提起了昨天失败的习作。她以为等待的将是顾先生劈头盖脸的批评，以为老师会骂自己根本没有绘画的天分。她眼泪早已经流了出来，像是在和挚爱的艺术做最后的道别。然而顾先生并没有一句责备，他拉着三毛坐了下来，开启了一段至今回想起来都足够温馨的谈心。

顾先生知道三毛爱好文学，便问她平时都读什么书。三毛如数家珍一般把自己读过的作品都报了出来，眼神中闪现着光芒，脸上因为窃喜而绽放出一点绯红。顾老师笑了笑，拿给三毛几本书。三毛翻开一看，眼中的惊讶更多了。那是《笔记》杂志合订本和几本《现代文学》杂志，不同于自己之前读的《红楼梦》《水浒传》《古文观止》等传统文学的代表，这些满是存在主义、自然主义文学、黑色幽默、意识流等文学流派的现代作品，语言都非常自由。两种不同类型的文学正如三毛之前学习的国画和现在正在学习的油画之间的对比一样，前者有严谨的规整之美，后者有自由开放的洒脱，二者的美是无法比拟的，但在阅读者心中自然而然地会产生不同的喜好。

面对从未接触过的文学类型，三毛一下子沉浸在这些怪异、离奇且生涩的语言中。正如最开始接触文学作品一样，痴狂的三毛经常因为阅读而忘记吃饭。从此以后，她和顾先生交流的内容不再局限于绘画的技巧，而是开启了关于文学和人生的思考。就在不经意间，师生之间的共同语言也越来越多，他们的关系也开始逐渐超越师生，而上升为无所不谈的好朋友。

在阅读顾先生赠予的书籍和杂志的同时，三毛自己还搜集到了更多的宝贝，如卡夫卡的《城堡》、加缪的《异乡人》等。三毛沉浸在阅读的乐趣中，甚至忘记了自己已经有三周没有和顾先生见面了。

当再次去上课时，顾先生突然发现之前还很阴郁的女孩好似变了一个人，她仿佛完全摆脱了身上的负担，从一个郁郁寡欢的人变成了非常机智健谈的演说家。三毛放肆地说着自己对于文学的理解，描绘着这些新的文学作品带给自己的感动和震惊。三毛太需要释放心中的情绪了，她甚至忽略了这是一堂绘画课，而不是文学讨论课。然而顾先生并没有急于去打断三毛的表达，他慈爱地看着她，目光如同春日里的阳光。在顾先生面前，三毛找到了丢失已久的自信。终于，她拿起了创作的笔，开始用文字去细细描绘心中的故事。她多年的阅读积累终于倾泻而出，像是决堤的河水般势不可挡。

1962 年 12 月，三毛的处女作——散文《惑》在《现代文学》杂志上发表了。这对三毛一家人来说是一件有着里程碑意义的事情。陈嗣庆夫妇对着女儿的文字，眼中流下了激动的泪水。他们一直害怕女儿的人生会走向万劫不复，不想却意外地栽种了文学上的一棵大树。这篇文章发表之后，三毛内心中的痛苦挣扎似乎找到了发泄的方法。她开始大量地创作，那个曾经在他人眼中是不懂规矩、智商低、情商更低的女孩开始在才女的道路上狂奔。

三毛是很感谢那一段孤独与困苦的生活的。如果不是历经了这些常人没有的故事，或许也没有三毛笔下令人心动的描述。三毛最感谢的是顾先生。他虽然只是一位绘画老师，但对于三毛来说他更是她的人生导师。他不仅帮助三毛发掘了文学上的天赋，更带领着她寻找着生命中的美好。这些美好就像是一粒粒等待着浇灌的种子，只要一点阳光，它们就开始努力地生根、发芽，直到长成了参天大树。三毛这才会意识到，原来自己的存在对很多人都是有意义的。她从来都不孤独，只不过时机未到，人们尚未发现这一颗刚刚被遗落在沙滩上的珍珠。

舞会上的辛德瑞拉

在三毛还不懂得什么叫青春的时候，她就已经懵懵懂懂地闯入了自己的青春期。

给三毛做启蒙的，是顾家的四个女儿。因为要到顾家学习，所以三毛经常会接触到顾家的四个女孩子。这四个女孩子各自生得花容月貌，虽然和三毛的年龄差不了几岁，但因为家庭的差别，所以女孩子们的穿着打扮有着很大的不同。四姐妹中比较大的两个女孩子喜欢穿旗袍，在那片绸缎包裹下的纤巧身段让三毛曾多少次看得着迷。比较小的两个女孩喜欢穿洋装，那些新奇精巧的裁剪和三毛身上穿的母亲亲手做的裙子相比，简直要让三毛羞愧得无地自容。四姐妹如同仙女一般光鲜亮丽地出现在家里，她们肆意地裸露着洁白的手臂，这让正处于青春萌发的三毛心生羡慕，同时却又略感羞愧。她惴惴不安地压抑着心中的骚动，哪怕多看一眼都有一种犯罪般的悔恨。

然而三毛的心中早就升起了一团火，一团无法用视而不见就可以熄灭的火焰。当初女老师穿丝袜的场景又一次次地在三毛的脑海中闪现。她越来越渴望这种独属于青春的力量和张扬，独属于女人的婉约和美。三毛渴望成长，渴望变成一个女人，渴望能够早早地穿上丝袜和高跟鞋，把嘴唇抹成鲜艳的红色，让全世界人们欣赏到自己作为一名女性的魅力所在。可再低头看看自己，白布裙子还是妈妈要去参加同学会时给她做的那一件。虽然并没有人刻意指出来，但每当站在四姐妹前面的时候，三毛都觉得自己像是一只丑小鸭。此时的感觉，永远都无法用语言言说。

细腻的母亲终于体会到了三毛情绪上的变化，可她并不知道缘由所在。其实三毛只是想要母亲给自己买一双高跟鞋，一双可以让灰姑娘辛德瑞拉变成光彩照人的公主的魔法鞋子。但她不敢开口，母亲崇尚的是贤惠，这样一双招摇的鞋子一定会遭到母亲的反对。三毛把真实的想法悄悄告诉给姐姐，没想到姐姐也是在第一时间表达了反对的意见。姐姐认为三毛的想法太不切合实际了，她甚至认为高跟鞋是不良女孩的穿着。但三毛仍然固执地保留了这份憧憬，她希望有一天自己可以变得光彩夺目，可以吸引某一位王子的注意，邂逅爱情的同时更邂逅属于自己的美丽。

终于，她的老师顾先生给她提供了一个实现梦想的机会。

顾先生告诉三毛，他准备离开台湾去巴黎深造，所以要在家中开一场告别舞会，将会邀请很多好友前来参加。三毛满口答应了先生的邀请，但随即意识到自己还没有一套适合在舞会上穿的衣服。她试遍了母亲和姐姐所有的衣裙，却总是感觉在搭配上缺少一点儿色彩。她忽然意识到，如果有一双红色的高跟鞋……

三毛终于向母亲提出了深藏很久的想法。

母亲这才发现，这个倔强的女儿长大了。她亲自到店里给三毛定制了一双粉红色的鞋子。虽然式样简单了一些，但三毛仍然着迷于它柔软的皮面。她穿上鞋子试了又试，仿佛已经看到正有无数迷人的男子在排队邀请自己跳下一支舞。

舞会前，三毛挑选了一件绿色的长裙，腰间别着一朵绒花，再踏上那双梦寐以求的高跟鞋，三毛只感觉自己已然成为童话中的公主。她站在镜子前，无数次惊讶于自己的美丽，挂在她脸上的笑容像是久经风雪的寒梅，如此珍贵，又如此迷人。

整场舞会都让三毛兴奋不已。她看到每个人的脸上都挂着精致的微笑，微醺的红酒在人们脸上映出五彩的光。三毛记不得曾接受了几个人的邀请，她只记得自己一直在舞池中旋转，像一只轻盈的蝴蝶。三毛正在放飞属于自己的青春。

原来，最丑陋的故事，一旦时机成熟，也会绽开迷人的结局。

相比起成为众人瞩目的女孩，让三毛记忆更深刻的是她在顾先生的引荐下结识了很多文学界的名人，如《现代文学》的主编白先勇先生，还有女作家陈若曦。顾先生不仅为三毛打开了通往文学的大门，更打开了她成长为一个女人的世界。

舞会结束后，所有的人一起将顾先生送上了远航的汽轮。看着先生的轮船越走越远，三毛这才体会到离别的苦楚。那个她曾经以为会长久陪伴自己的良师益友远去了，那个为自己的内心世界带来阳光与色彩的先生走了，而她自己，还在这里踏步。接下来该怎么办？三毛一时间怅然若失。

这天晚上，三毛带着一名少女的忧伤独自在河边散步。看着远处的渔火飘飘曳曳，久违的孤单和迷离感一下子又将她包围。风吹乱了她的头发，也吹乱了她的心。自此之后，三毛就必须一个人去面对更加复杂的成人世界。顾先生给了她永不会丧失的勇气，但接下来该怎么走，还需要她自己去做决定。面对未来那么遥远的人生路，三毛的思绪变得复杂起来。

所幸，她还可以用绘画来表达自己的开心与孤寂，她还可以用文字来表达属于一个女性的哀愁和忧伤。彷徨总是有的，可这本来就是成长的真实模样呀！三毛迎着大海，迎着先生远去的方向，终于缓缓地抬起头，为自己的人生许下了永久的誓言。

二度入学校

当初那个只会为青春羞涩的三毛，已经成长为美丽又大方的女性了。没有人会去关注你过去的故事是怎样，当你如一朵鲜花一样正在尽情绽放，众人给予你的只有无限的欣赏和赞叹。三毛的成长故事，正是这一言论的有力佐证。

三毛之所以是三毛，正是因为她的成长经历和大家都不同。或许，每一个有着异常天分的人都会历经一场不正常的人生。真正重要的一点是，不管你在人生的道路上曾经遇到过谁，他们或许是你的伤害，或许是你的恩赐，唯一不能更改的一点是你自己对未来人生的向往。只有那些不忘初心的人，才会为了梦想一直付出努力。我们也许并不一定能够看到梦想实现的模样，但为了梦想而追逐的过程就是值得所有人歆羡的。

三毛实现的第一个梦想，就是她已经拥有了整整一柜子的衣服和鞋子。曾经那个做梦都想要穿着玻璃丝袜和红色高跟鞋的女孩，现在终于可以随心选择自己喜欢的衣服和鞋子了。家境的富裕给了三毛享受更优雅生活的机会。

现在的三毛俨然是一个精致的女性，每次出门前她都会花大把的时间去打扮自己，她要力求把最美的姿态展现在众人前面。没有人会想到，这样一位热衷于享受生活的女性，会在很多年后跑到荒无人烟的撒哈拉沙漠去，在那里她从来都不修边幅，只是为了过上心中向往的自由生活。

对于美的随性，是刻在三毛骨子里的，永生无法磨灭。她对于外貌的追求，对于文学的追求，对于绘画艺术的追求，本质上都是对于美的追求。三毛是一个在充满了哀愁的同时又拥有热烈奔放的感情的女子，她对生活有太多不满了，所以才会以如此特立独行的方式来放纵自己。她经常以非常怪异的打扮出现在众人面前，这让很多人都错以为三毛是否有些令人难以接近。

可一旦沉浸在文学中，三毛就像是换了个模样。在这段时间中，三毛阅读了更多名家之作，她自己的创造也从未停歇。自从《惑》发表后，三毛又陆续发表了《月河》《雨季不再来》《一个星期一的早晨》《安东尼，我的安东尼》等文学作品。这些作品都充满了忧伤的诗意，仿佛一个多愁的少女在雨夜静静地对着读者在倾诉。三毛的作品在这一时期的台湾雨季文学中是非常具有代表性的，她在文字中表现出来的灵性让很多人叹为观止。

多篇作品的发表，让三毛渐渐增长了自信，她不再是那个阴郁的孩子了，也不再像以前那样总是把自己沉浸在愁闷和孤寂中。三毛开始热衷于社交活动，她终日在各种沙龙和舞会中穿梭，和有共同兴趣爱好的人们一起探讨写作和艺术。此时的三毛成了一匹自由奔驰的骏马，她欢快地跳跃，她正在历经人生的最美好。

三毛最思念的人仍然是已经远赴法国的顾先生。现在的三毛已经清醒地认识到，她对顾先生的感情并不是爱情，可正是顾先生启蒙了她对爱情的憧憬。三毛开始渴望有一个完美、隽秀、风趣而沉静的男子出现在生命中。一旦给生活增加了期许，所有的愉快都将会变成负担。所以整日醉心于舞会和沙龙中的三毛，虽然在人前是一副欢快洒脱的形象，回到家后却仍然感到孤独。她的内心一直是在渴求着，渴求着有一件足够充实的东西来填满自己。

好在顾先生临走时给三毛介绍了一个很好的玩伴，她叫陈秀美。在三毛的眼中，陈秀美是一个和自己完全不同的人。她知道珍珠可以在醋里融化，知道猪是永远都无法仰望星空的，知道这世界上唯一不会变质的食物是蜜糖。而三毛对这些有趣的知识是完全陌生的。两姐妹每次谈话时，三毛都会听得入迷。

突然有一天，陈秀美告诉给三毛一个足以影响她一生的消息。陈秀美说，台北开设了一个文化学院，据说办学质量非常高，声誉也好，所以她建议三毛应该去做一个选读生。一听要去学校读书，三毛沉默了。陈秀美走后，三毛一个人思考了很久。她需要时间去沉寂浮躁的内心，需要再有一位导师来指引人生的方向。纵然光阴是美好的，但一个人的世界终究是狭窄的。这是陈秀美给三毛的忠告，三毛把其深深烙印在自己心中，并基于此做出了一个艰难

的决定。

之后，三毛给该文化学院的校长张其昀先生写了一万多字的求学信。三毛在信中详细诉说了自己的求学遭遇，讲到了自闭的童年，讲到她对于艺术和文学的热爱，讲到她对于真善美的渴望和追求。三毛从来没有在任何人面前如此直白地表现过内心的真实，她情真意切地表达着入学的渴望，并在信的末尾写下了“区区向学之志，请求成全”的恳切之语。

这样一封信，甚至不像文学世界中的那个细腻的三毛。

很快，张先生就给三毛回信了。信的内容很简单，他希望三毛可以尽快到学校报到，她可以自由选择喜欢的专业，如果有其他疑问可以去办公室和她面谈。三毛终于获得了再一次进入学校的机会。

经过慎重抉择后，三毛放弃了文学专业，而是选择了哲学。很多人不明白三毛的选择，三毛告诉大家，自己活了这么多年，她的人生故事早已经胜过很多人的一辈子了，但她却仍然不明白生命的意义是什么，她不知道自己是谁，不知道人为什么要活着。这些问题一直困扰着她，她希望可以通过哲学来让自己更明白地去看待生命。

进入学校后，三毛完全变了一个人。她逐渐收敛起在社会上的“嚣张”，转而变成了一位略带文静气质的大姐姐。很多时候，她都是一个人坐在教室里看书，身边有同学在吵闹的时候，她也会偶尔抬起头观看，但也仅限于浅浅一笑，从不会参与到各种争论中。

收敛起尖锐思想的三毛变得特别平和，所以很多同学都愿意和三毛交朋友。三毛当时已经算是小有名气的作家了，同学们歆羡于三毛的文采和内涵，大家在读书过程中有什么不解也都会找她来帮忙。再加上三毛的学习成绩也是很优秀的，所以她不但得到了同学们的喜欢，在老师眼中她也是一位质优的学生。

但与接受过传统教育的同学们相比，三毛的一些基本功课还是比较差劲的。一次语文考试上，面对从未见过的试卷，三毛着急得抓耳挠腮。无奈之下，她在作文中写了一个悲苦家族的故事。阅卷老师看完三毛的文章后，感动得泪流不止，最后老师因为三毛这篇文章而破例让她通过了语文考试，并且最终的成绩还是优秀。

心情逐渐放好的三毛似乎也学会了怎样和他人相处。每次拿到稿费时，她都会主动请同学们去喝酒。在四溢的酒香中，大家心底最隐秘的情愫都会慢慢爬出心扉。人们无所顾忌地交流着各自的故事，没有猜忌，没有嫉妒，更没有伤害。三毛曾经以为这样的场景只会在梦中出现，原来所有的梦想都是要靠自己的努力去争取得到的。所有的不可能，只因为你尚未踏出努力的第一步。

第四章

成长，伤痛有时是最美

诗意地恋着

三毛曾经写过一首短诗，名字叫《七点钟》，述说的是自己初恋的故事：

今生就是那么地开始的
走过操场的青草地走到你的面前
不能说一句话
拿起钢笔在你的掌心写下七个数字
点一个头然后狂奔而去
守住电话就守住度日如年的狂盼
铃声响的时候
自己的声音那么急迫
是我是我是我
是我是我是我
七点钟你说七点钟
好好好我一定早点到
啊明明站在你的面前
还是害怕这是一场梦
是真是幻是梦

是真是幻是梦
车厢里面对面坐着
你的眼底一个惊慌少女的倒影
火车一直往前去啊我不愿意下车
不管它要带我到什么地方
我的车站在你身旁
就在你的身旁
是我在你的身旁
红袖添香的梦想

这首诗中说尽了一个少女初遇爱情时的青涩，而这段故事正是发生在三毛身上的真实表现。

初入大学，三毛虽然成功开拓了自己的社交圈子，可这些浮于表面的交流并不能让三毛满足。她如任何一位同龄的女性一样，渴望有一种爱情能在这如花般的岁月中来临。曾有多少次，三毛都会在文章中微微透露出对爱情的希冀，但这一切似乎只是梦中泡影。

三毛也曾尝试着从自身去寻找原因。也许是因为她太过于孤傲，也许是因为她总是心怀着莫名的忧虑。三毛一直在努力让生命尽情盛开，却在最美好的风景面前无法承受一个人的孤独。

直到她在朋友的闲谈中听到了梁光明这个名字，三毛的心扉才彻底打开。

其实梁光明也早已经耳闻过三毛了。只是在他眼中，三毛和其他女孩子并没有太多差别，她无非只是比别人多发表了几篇文章罢了。因为梁光明实在太优秀了，他的相貌仪表很少有人能企及，而且年纪轻轻就已经出版了两本诗集，再加上有当过兵的经历，他那挺拔的身姿更加剧了众多女生的仰慕之情。毫无疑问，梁光明是学校里的佼佼者，甚至可以说是风云人物，是太多女生的暗恋对象。相比之下，三毛的名气自然没有他大。虽然也曾听说过哲学系有个才女叫三毛，但梁光明学的是戏剧专业，所以也未曾对这个女孩深究过。

当时，有几位女同学正在热烈地讨论梁光明，她们的言辞中无时不在表达着激动和爱慕，这让三毛突然对这位众人口中称颂的男子产生了兴趣。三毛的心底其实是不服气的，她自负在文学上已经有了一定的造诣，所以在对这位据说也是文学高手的梁光明产生兴趣的同时，她心底更多的是看不上。自古就有文人相轻的故事，三毛只不过又一次演绎了现代版的传说。

任性的劲头一上来，三毛就会做出很多匪夷所思的行动。她竟然主动跑去找梁光明借书。当时梁光明正埋头进行着创作，听到有个女声在问自己借书，他也没多思考，只是随手把放在身边的自己的诗集递给了对方。当他抬起头想看看对方是谁时，三毛早已经抱着书跑开了。梁光明摇摇头，把三毛当作是又一个慕名的追求者。

回到宿舍后，三毛急忙打开诗集读了起来。刚才的匆匆一面，梁光明俊朗的外表已经在她心中扎下了根。他眉宇间的凝思似乎渗透着无限的志向，三毛知道，一个人的心志必定会在他的作品中展露无遗。当她沉下心来开始阅读这本诗集，曾经孤寂于这个世界的三毛仿佛找到了另一个与自我相类似的存在。

三毛终于承认，梁光明的作品是超越自己的。他的诗说尽了对人生的描摹，这样的写作角度和对人生的剖析是三毛一直想要拥有却无法触及的。三毛又找来了梁光明的戏剧作品阅读，竟然发现他对人物的塑造具有非常真实的立体感，他笔端下的故事常常是一波三折，在引人入胜的同时又不失思考性。三毛沉浸在阅读的快乐里，几乎忘记了吃饭的时间。等舍友喊她去吃饭时，三毛猛然间抬起头看到了镜中的自己，她早已经脸颊绯红，那个风度翩翩的男子在脑海中再也挥之不去。

三毛意识到，自己爱上了这个男子。

但她暂时还没有勇气去表白。于是三毛的人生进入到甜蜜且痛苦的暗恋中。

第一次求爱

三毛希望能通过自己的真诚打动梁光明。所以在接下来整整四个月的时间中，凡是梁光明要去的地方，就一定会出现三毛的身影。三毛悄悄打听到了梁光明的上课时间，每次她都会尾随他进入同一间教室。可三毛又不想表现得过于明显，所以她总是默默坐在教室的最后面，静静地看着喜欢的人，这便已经让她觉得很满足了。即便是梁光明去小饭馆吃饭，三毛也会匆匆跟去，在他附近的桌子上坐下，多摆一副碗筷放在对面，仿佛是在与有情人共进晚餐了。

其实，三毛的小心思早已经被梁光明发现了，只是他并未因为这些小举动而动心。在他身上花费这些心思的女孩有很多，三毛早就不是第一位了，所以梁光明也只是见怪不怪。他唯一好奇的是，这个来自于哲学系的女孩会坚持多久。

不知怎的，三毛喜欢梁光明的事情变得人人皆知。其实大家都希望这两位爱好文学的人最终能走到一起，郎才女貌，这真的是无可挑剔的绝配。但三毛永远都只一厢情愿，梁光明始终未做出一丝回应。

三毛再也按捺不住心中的焦躁了，她不相信梁光明对自己是铁石心肠。她开始借酒浇愁，但很快又意识到自己会因此而变成一名怨女，在真爱面前她决定要主动出击。

某一天夜里，梁光明正在操场上散步，他边走边思索着正在创作的戏剧中的剧情。忽然间有一个身着纱质衣裙的女孩跳到了他面前，女孩抓住他的手，塞给他一张纸条，说了句“打给我”，不待他反应过来，女孩就转身消失在夜色中。梁光明知道，这个如同仙女下凡一样的女生就是三

毛。他不知道三毛是鼓起了多么大的勇气才决定把电话号码递给他的，他也不知道三毛是因为害羞而跑远，还是因为害怕遭到他的当面拒绝。三毛可以承受任何打击，却永远都无法承受自己的努力和希望变作空空大梦一场。

这样莽撞的行为会带来什么样的结果，三毛心里是没有任何把握的。她害怕遭到拒绝，同时又在极力渴望着成功。三毛想要假装什么事情都没有发生过，但她又无法抑制住内心的悸动。她把自己关在房间里，任凭谁叫都不开门。母亲已经知道了三毛正在经历的一切，她是过来人，其中的痛苦她比谁都更清楚。终于，母亲以慈爱之心融化了三毛心中的坚冰。母女俩促膝长谈了一整夜，三毛把这么多年压抑在心中的爱与恨第一次全部敞开给母亲，缪进兰包容着这个倔强的女儿，给予她坚强成长的力量。那些久久存在的隔阂，终于在夜色中化为须有。

可三毛依旧在担心自己莽撞的举动会引起梁光明的腻烦，缪进兰轻声安慰她说："放心吧，他一定会打电话过来的，我的女儿这么可爱，他不会看不到的。"像是上帝已经提前安排好了一样，母亲的话音刚落，角落里的电话铃声就响了起来。

"我们晚上去台北车站看电影好吗？"梁光明在电话那端温柔地问道。

三毛终于迎来了期盼中的爱恋。

一场才子佳人

三毛坠入了情网，成了一个陷入爱情中无法自拔的小女人。

爱情是可以让一个女孩在一夜之间长大的。三毛身上的自闭和清高的因子正在逐渐褪去，她也不再是那个渴求着他人的关注和自我快乐的小女孩了，而是试图去掩藏起所有的冰冷和尖锐，开始用心经营一场由她主导的感情。三毛爱梁光明，这是毋庸置疑的。她为梁光明的成熟稳重和博学多识而着迷，他不仅是她爱恋的对象，更是她在文学道路上的伙伴。三毛所有的钦佩都是发自内心的，性格耿直的她不懂得去掩藏，不懂得细水长流的道理。所以三毛一旦陷入了爱情，就爱得奋不顾身。日后三毛回忆起这一段感情的时候满口都是对梁光明的称赞，她直言这段感情是炽热而美好的。

然而，过于热烈的东西，生命都是短暂的。此刻三毛根本不会去想象这段爱情是否会有尽头。每一段感情开始时，痴男怨女都只会在紧张和惶恐中开始探索，三毛也毫不例外。她渴求着梁光明的爱恋，因为他的喜怒而忧而乐。

梁光明的每一个小动作，任何一句不经意的言语，都会激起三毛心中千万层浪花。

其实梁光明并不是不喜欢三毛，他只是还需要时间去接受，去把彼此之间的好感转化成喜欢。因为三毛的爱来得太热烈了，如果梁光明不是一个同样大胆的人，那么他就会在这份感情中走得小心翼翼，乃至于步履维艰。

二人共同的爱好成为感情持续发展的基础。会写诗的人，骨子里都栽种着浪漫的基因。他看世界的眼光是充满诗意的，看三毛为爱情而奋不顾身的过程自然也是充满诗意的。有时候他会嗤笑三毛的愚蠢，却又为有这样一个女人在身边而微笑。

恰好三毛的文字是细腻的，三毛的感情也是清新的，三毛给梁光明留下的印象也是微醺着迷醉的。在三毛面前，他始终无法摆出高傲的架子，同时也不会显露过于低俗的难看。很难说梁光明接受三毛的爱是出于对这样一个奇女子的好奇，还是出于对一种新鲜感情的尝试，或者仅仅只是出于内心深处最纯真的萌动。这些都无所谓，因为他们二人已经得到了才子佳人的最好结果。

在这段时间中，三毛和梁光明经常携手在校园里漫步。别人眼中不堪的阴雨天，在他们二人看来是最好的花前月下。他们自由自在地畅谈着文学和戏剧，所有的喜好和谋生手段都被蒙上了深深的浪漫才情。当时很多人知道，学校中最绝美的景色是三毛挽着梁光明的手臂坐在长椅上看晚霞，坐在月光里弹吉他。他们二人演绎了一场仲夏夜之梦，人间的这份美好被他们如泣如诉地编织成了如梦般的传说。

沉醉在爱情中的三毛是幸福的。她一直在期盼着能有个人爱自己，当这一份期盼终于变成现实的时候，再睿智的人也会在爱情中失去了所有的智力。第一次尝试恋爱的味道，心思敏感的三毛可以比他人感受到更多的恋爱气息。她把自己的每一种感受都用文字记录了下来，此时她的文字中充满了缓慢而灵动的气息，读起来总能感觉到一股清流从心头淌过。这份淡雅，是三毛从来没有过的。并不是梁光明赐予三毛这样的宁静，而是三毛一直以来缺乏的安全感终于找到了寄存的地方。爱情让她甜蜜，她却让文字酝酿成了生活中的美好。

三毛开始逐渐告别雨季文学的朦胧和惆怅，转而在文字中不自觉地增加了许多色彩和潇洒。可以看出，三毛比以前变得更加积极、开朗，她开始有意识地去丰富自己的文字，从最初的散文，到初试爱情小说，三毛想要用自己的笔触把独属于他们二人爱情的美好告诉全世界。在没有任何压力的学生时代，三毛关于童话般生活的美梦全部变成了现实。

长期沉浸在幸福中的人们，总是缺少居安思危的情愫。再美好的爱情，最终也还是要面对现实问题的考验的。尤其是对于校园爱情来说，毕业，是所有情侣都要面对的一道艰难门槛。每个美好的爱情故事都是要写到结局的，不管你愿意或不愿意，最后的局面都是爱情中的双方亲手栽种的。三毛只是没有想到，她以为王子和公主可以幸福地生活在一起的美好童话，终究抵不住现实的轻轻一推。

爱情，总是要输给我们自己的。

败在婚姻前

恋爱是美好的，恋爱的时间也是转瞬即逝的。三毛和梁光明在一起整整两年的时间了，一转眼梁光明已经面临着毕业的抉择。直到此时，三毛才开始有些惶恐，她害怕男友走向社会后会变成一个花花公子，害怕他会丢弃自己去另觅新欢。三毛开始失眠。她想要这段感情能开花结果，三毛想要的是一个婚姻的保证。

但三毛却忽略了梁光明的感受。梁光明正面临着一个男人一生中最重要的时期，他需要就业养家，同时他也想要过上梦想中的诗意的极致生活。这对刚毕业的学生来说，几乎是不可能两全的，所以他必须向现实低头。再美好的理想，也经受不住温饱的打击。梁光明倒也非常坦诚。他告诉三毛，如果她愿意陪着自己一起历经这段艰难的时期，那么他们能否修成正果只是时间问题。如果三毛无法陪同自己，恐怕两年的感情必定会付诸东流。

梁光明并不是不希望拥有爱情，只是这个时候事业才是更重要的。他或许是想先在事业上打拼，等到功成名就再来迎娶心爱的女人。但对于一个女人来说，男人这样的抉择无疑是让她心痛的。尽管三毛并不需要依靠男人来过活，但她也希望自己爱的男人能够如自己一样全身心地去爱。三毛希望梁光明能和自己一起出国留学，尽一切可能把他们最美好的校园时光无限延长。三毛不想看到自己争取到的美好会这么快结束，她甚至选择了去蒙蔽双眼，不去看、不去听，她以为这样就会得到最好的结果，怎知道现实不会因为你的自我麻痹而改变丝毫。

三毛一边期待着梁光明的肯定回复，一边早就准备好了出国的护照和机票。她逼迫着梁光明尽快做出决定，如果爱，请深爱；如果不爱，痛也应该来得痛快。

梁光明没有三毛这般决绝。在百思千想后，他发现自己再也不敢去面对三毛那双犀利的眼睛。很多时候，梁光明总是感觉到莫名的不安。他知道，这或许就意味着自己对三毛的爱已经产生了动摇。如果是决绝的，他会义无反顾地选择和三毛远走高飞。但作为男人的社会责任感又让他无法离开台湾，无法为了爱情放弃自己所拥有的一切。他可以给三毛带来安全感，可是自己的安全感又有谁来给予呢？

梁光明的脸上写满了无奈和惋惜。他只是一个即将要毕业的学生，他有自己的亲人，他有自己的前途和梦想，尽管他曾经拥有一份美好的爱情，但现在一切都即将化为乌有。三毛的逼迫，被他看成了无理取闹。三毛甚至提出了婚姻的要求，但梁光明此时哪里有资格来谈婚论嫁。两颗相爱的心，在现实面前碎了一地。

在一个下着雨的凄冷的夜中，两个相爱的人抱着哭了整整一夜。三毛一直在等着梁光明许下诺言，哪怕是欺骗她空空等上十年的时光，三毛也会马上点头答应，并且永远不会悔改。但他一直沉默着，仿佛对爱情死了心。三毛不知道梁光明的内心做过怎样的挣扎，但她已经不必要去在意了。即便很在意又能怎样，她终究没有力气去改变现实的距离。

天亮后，梁光明孤身一人走进了雨中。三毛在她身后泪流满面，可他再也没有回头。

台北，成了三毛最不想看到的伤心地。

三毛决定离开这里，远赴西班牙去求学。或许，这一场离别，仅仅是为了逃避失败的爱情。父亲陈嗣庆曾经委婉地劝过三毛，让她不要在感情中做一个任性的女子。但三毛的爱太浓烈了，她极力渴求着结果的完美，然而最终还是失败了。

在机场送行的时候，三毛几乎要后悔自己的决定。但她强忍住泪水，转身给亲人留下了一个难忘的笑容。话一出口，覆水难收，三毛逼着自己离开，逼着自己踏上了人生的新一段路程。纵有千万种不舍，也要做自己最后的支持者。

在这场爱情中，三毛败得体无完肤。但其实，她只是败给了自己。

这一场残局竟无人来收。

远赴西班牙

三毛选择去西班牙，是因为她热爱的毕加索。

西班牙是毕加索的故乡，这里也是三毛梦中的第二故乡。自从 13 岁开始迷恋上毕加索，正处于青春萌动的三毛一度畅想着有一天可以嫁给一个西班牙人，在这富有浪漫情调的地方膜拜着毕加索的画作，游历所有他曾经到过的地方，模仿一场毕加索的人生。在三毛的内心深处，她早已经嫁给了这位艺术大师。

三毛在读大学期间曾经接触过西班牙古典吉他，那段时间她总感觉西班牙近在咫尺，仿佛自己前生就到过这个地方，这里的人和事都是似曾相识的。无数个梦中，她都住在西班牙的田园中，她有一所小白房子，一头毛驴，还有一大片无边际的葡萄园，一群人在一起欢快地唱着牧歌。

真正来到西班牙后，三毛才发现这里根本不是想象中的那么浪漫、那么恬静，相反，西班牙是一个充满了热情和奔放的国度。它张开怀抱迎接每一个前来投奔自己的人，男男女女在这里可以肆意邂逅一段令人心碎的恋爱。没有人会要求对方留下来担负责任，也没有人会急急忙忙做出驱逐的表情，这恰恰契合三毛热爱自由的天性。一来到这里，三毛便终日流连在马德里的咖啡馆和舞会中。她可以随性地去听一场不知道什么来头的音乐会，也总是会学着当地的土著把酒袋别在腰上恣意起舞。如果有酒袋从远处传递过来，三毛也会抬头一饮而尽，然而筋疲力尽地叼上烟卷狠吸几口，最后再醉眼迷离地回到住所大梦一场。

西班牙，成了三毛忘记一切烦恼的天堂。

欢快的生活让三毛很快忘记了伤痛。马德里的人们都很热情友好，有时候家里的生活费寄来得不及时，三毛也一样可以从邻居处借到免费的面包和白开水。有一次，三毛牙痛却无钱医治，最后她竟然哄得医生免费给她打了麻药。这样的快乐让三毛释放出了另一个自己。她终日在这里闲散地飞来飞去，如同一只蝴蝶迷失在花海，不着急前行，却也忘记了来时的方向。

终于有一天，三毛在一个咖啡馆中突然想起自己的过往。她伸出手指细细算着已经有多少天没有想起过梁光明了，她甚至不知道自己是什么时候忘记了那段伤痛。忘记也好，只有忘记才能开始新生。三毛也不再让自己烦心于过去，她要在马德里开始新的生活，等待着她去做的事情还有很多很多。

大概是冥冥中自有天意。正是三毛无意间的放下，才让一颗新的种子有了扎根的机会。在命运面前，只要你不关上心中的大门，一切的可能都有会变成不期而遇的美好。

第五章

人间，无非是梦想和现实的对决

从此，我是女王

三毛在马德里找到了一处天主教修办的女生宿舍，这里被她们称为“书院”，是个价格便宜且相对清静的地方。在三毛看来，这里是最适合做哲学思考的。虽然老修女给住在这里的女生规定了各种条条框框，但这些对三毛的影响并不大。她极力地想要去探索灵魂深处的内容，处境的好坏只不过是皮毛上的瘙痒罢了。

和三毛住在一起的几位舍友都很活泼。她们经常聚在一起讨论怎样穿着才能更吸引男性的注意，一到晚上就会夜不归宿。三毛知道，她们是去找各自的男朋友玩了。在这里，三毛并不想表现得过度张扬，她希望自己的内心能够真正沉静下来，所以三毛以一位中国传统女性所必有的善良和隐忍作为为人处世的标准。她毫无怨言地承担起了打扫宿舍卫生的工作，并且经常把自己的化妆品借给其他女孩子用。然而三毛的这一行径并没有得到那些女孩子的尊重，她们甚至把这看作是三毛理所应当要做的事情，相反对她更加肆意妄为。

终于，在一个寒冷的冬夜，长期积蓄在三毛内心深处的不满彻底爆发了。当时几个舍友在宿舍里偷偷喝了本是用来做弥撒的甜酒，不知道是谁给修道院的院长报了信，院长突然闯进了众人狂欢的宿舍。令人诧异的是，院长不但没有责备几位饮酒的女孩，而是转身对着三毛狂吼。她质问三毛为什么要引诱这几个好孩子去喝酒，还问她为什么要偷偷卖给她们避孕药。面对这些无端的指责，三毛简直火冒三丈。她再也无法用传统的标准来要求自己了，即便是冒着被赶出去的风险，三毛也必须要出这一口气。她拿起身边的扫帚冲着几位喝酒的女孩子和院长一通乱舞，气愤地喊道“让你们再欺负我”。在慌乱中，三毛狠狠地踹了院长一脚。有人试图上前制止三毛，却被她杵在地上。

三毛像是一匹脱了缰的野马，她也顾不上考虑究竟会引起什么后果，现在她只想要告诉全天下她这个弱女子并不好欺负。当整整一个宿舍的人都被她打跑后，三毛站在原地气喘吁吁，她双手叉腰，看着宿舍里一片狼藉，由心底体会到了胜利的喜悦。三毛并没有意识到，这一次的莽撞是她又一次在意志上战胜了自己。

从此以后，三毛在宿舍的生活完全变了一个模样。

以前那个隐忍的姑娘不见了。三毛每天早晨起来后都不会铺床，有垃圾就直接往地上一丢，从来不会去管别人是什么想法。意外的是，每当三毛回来后，她的床位都会被铺得整整齐齐，地面上也早已被打扫干净。以前在宿舍听唱片时，总是害怕吵到别人，甚至很多时候不得不忍受他人大声播放自己并不喜欢的音乐。现在不同了，她不但经常从别人手里抢过唱片机自己听，甚至还总是堂而皇之地把外国人根本听不懂的中国京剧拿来播放。以前若是电话铃响，三毛都会放下书本第一时间去接电话。现在她宁可躺在床上睡大觉，任凭电话响整整一个下午，她都不会为了别人的急事而去接电话。三毛俨然变成了一位女王，这个宿舍就是她独一无二的统治王国。

其实三毛在如此任性地表现时，她觉得总有一天大家会把自己赶出去的。可是没有想到舍友们不但没有赶自己走，大家反而争相过来拍她的马屁。早晨不起床时有人给自己送早饭，洗头后有人主动给自己卷头发，下雨天时还有人特意为她多准备一把雨伞……三毛意识到，原来老师和母亲传授给自己的那一套人生价值观在这里根本无法通行，她必须用自己的强权树立起威信，必须用蛮横的力量才能打开一片新的天地。

距离上次大闹宿舍的事件已经过去一个月了，三毛和院长的关系一直僵持着。这天深夜，三毛还在图书管理处看书，院长悄悄走上前来，对三毛轻声说："等你看完书可以来我房间一下吗？"三毛漫不经心地合上书，起身跟着院长来到了她的卧室。这里向来是所有女学生的禁地，可她却唯独邀请三毛来这里，并且还准备了点心和红酒。三毛意识到，事情似乎要有变化。

院长难得心平气和地说话，她问三毛："以你的行为本该被开除，可是我不想闹到那个地步，我们今天就和平解决这件事吧。"三毛对之前发生的事情依旧耿耿于怀，她只回答说："卖避孕药的不是我。"院长又质问："打人的总是你吧？"三毛依旧嘴硬地说："是你先冤枉我的。"

面对这个难缠的女子，院长终于败下阵来，她松口说：

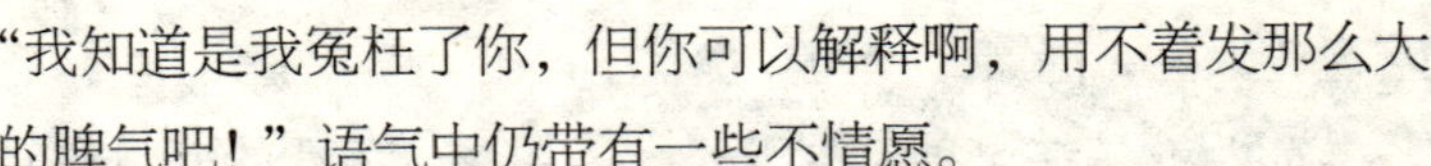

“我知道是我冤枉了你，但你可以解释啊，用不着发那么大的脾气吧！”语气中仍带有一些不情愿。

三毛没有说话，静静地和院长对视了一会儿，端起面前的酒杯一饮而尽。

“和平了？”院长问。

“和平了。”三毛的回答简单干脆。

院长起身在三毛的脸颊上轻轻吻了一下，又塞给她很多糖果。三毛开心地接受了这些馈赠，转身回宿舍睡觉去了。自此，一个新的女王在修道院中诞生。

遇见荷西

三毛曾经那样热烈地期许过一段美好的爱情，还曾信誓旦旦地说要嫁给一个西班牙人。她没有想到，就在这个时候，她遇到了自己的命中注定——荷西。

荷西出生于西班牙南部的哈恩省。这里背靠着连绵的比利牛斯山脉，每家每户都拥有一大片壮观的橄榄林，每当有风吹过，橄榄树就会发出大海一般的波涛声。生活在这里的人们一如这般壮阔的景观一样，人人都是热情好客的，他们从来不会因为家庭的琐事而忧愁。因为所有的喜悦和困苦都是上帝的赐予，人们能做的便是努力去经营好自己的人生，而最终一切早就有了定论。

荷西就是在这种氛围下长大的男孩。荷西的父母孕育了八个孩子，为了引起父母的注意，荷西经常在全家人念弥撒的时候消失不见，又或者故意考一个坏成绩，哪怕是受到责备他也心甘情愿。可荷西的兄弟姐妹实在太多了，父母根本无暇顾及荷西的小心思。在西方父母的眼中，孩子们只要能够健康成长就是最大的幸福。他们不会去关心孩子们将来会不会成才，更不会用什么严苛的标准去要求一个孩子的成长，所以荷西得到了最自由自在的童年，这恰恰是三毛最欠缺的。

巧合的是，荷西在13岁的时候突然对身边的人们说，自己将来要娶一位黑头发、黑眼睛的日本姑娘做妻子。而三毛也曾在13岁的时候梦想着有朝一日能够嫁给一个西班牙人。他们俩之间的这个命中注定，日后经常被友人拿来当玩笑听。或许果真是命运的驱使，三毛和荷西各自将会成为彼此的人生唯一。

荷西的家境很是富裕，他也长得英俊挺拔，因此身边从来不缺乏女孩子的追捧。西班牙女郎对爱情的表达从来不会吝啬，但面对身边的种种示爱，荷西依然对东方女子的神韵情有独钟。但荷西没有遇到梦想中的日本女子，而是遇见了一个同样长着黑头发、黑眼睛的中国姑娘——三毛。就在彼此第一次见面时，荷西已经隐隐感觉到了三毛之于自己的非比寻常的意义。

三毛这样一位浑身上下都散发着优雅气质的中国女人对荷西有着难以抗拒的吸引力。她矜持、她诗意、她甚至带有一些妩媚，她骨子里的孤傲和清冷也都成了荷西最赞赏的品质。三毛有时候会在教室安静地听课，做一个乖乖女；有时候她会在修道院里大闹一场，没人敢惹；有时候还会到校外去打零工，为了生活而奔忙；更多的时候她都是沉浸在自己的创作中，用荷西看不懂的文字诉说情怀。三毛身上散发出来的百种风情让荷西根本捉摸不透，他极力想要去探究这个中国女子的内心，想要知道有关于她的一切背景故事。在荷西眼里，三毛是一个与众不同的存在，是唯一的存在。

这个有着奇怪性格的中国姑娘当时也是很多西班牙小伙子的心头好。三毛宿舍楼下每天晚上都会集聚很多弹吉他的男孩子，他们一起对着楼上的那位叫“Echo”的东方姑娘唱情歌。这让三毛很是莫名其妙。她不知道自己为什么会在突然之间受到这么多男孩子的追捧。她只不过是在以自己喜欢的方式生活着，从来没有主动去做过任何招惹他人的事情。可西班牙男孩喜欢的正是她身上的这种随性，荷西也不例外。

虽然三毛并没有答应任何一个男孩的求爱，但她内心中对爱情的渴望却从来没有停歇。在如此美好的生命中，她怎么会愿意清冷地度过呢?

在一个圣诞狂欢夜，三毛和朋友们正在一起庆祝着节日的到来。她毫无禁忌地喝着酒，和朋友们大声说着玩笑话。突然从楼上跑下来一个陌生的男孩，他贸然地向三毛祝福着圣诞平安。这一莫名的举动让三毛一时诧然。三毛在看到男孩的第一眼时，突然感到心跳似乎加快了速度，目光再也无法从男孩的身上移开。这个男孩，就是荷西。

打动三毛的，是荷西的俊美和活泼。虽然这一点尚不足以让人产生恋爱的冲动，但对于美好事物的欣赏又是哪一个人愿意错过的呢？三毛热情地邀请荷西加入了他们的酒局，大家开心地聊着天，似乎已经认识了很久很久。三毛不知道，当荷西决定上前来打招呼的时候，他也因为紧张而变得过于兴奋。

荷西在一群金发碧眼的姑娘中间寻找到了这个黑头发、黑眼睛的中国姑娘，一见钟情的故事就在这时候奇迹般地发生了。从此之后，两个来自地球两端的人开始演绎出一场轰轰烈烈的爱情传奇。

“表弟”的爱情

在圣诞节上的意外邂逅，让荷西完全沉浸于结识三毛的惊喜中。然而三毛比他大六岁，在三毛眼里他还只是一个正在读高中的小男孩，甚至还不到十八岁。虽然三毛热爱他英俊的面庞，甚至觉得任何一个能嫁给荷西的女孩都是有福气的，但她还不足以对这个小弟弟产生爱情的心思。

性格活泼的孩子是颇受女孩欢迎的，所以在追求三毛这件事情上他从来都没有怀疑过自己。但他又多多少少听说过东方的一些传统，所以在这个中国女子面前荷西也在努力尝试着收起自己的性格，他甚至变得有点儿羞涩。为了能多和三毛见面，他就经常到中国朋友家中做客。每当他心目中的女神出现时，荷西都会在一瞬间变得局促不安。他不敢去表达对三毛的爱意，生怕自己不恰当的举动会吓跑心爱的姑娘。

那位中国朋友的公寓后面有一个棒球场。为了多和三毛接触，荷西提出要教三毛打棒球。从来没有玩过棒球的三毛总是显得很笨拙，但荷西却一遍遍不耐烦地给三毛做讲解示范，并且总是欢快地去捡三毛打丢的球。聚会结束后，荷西还会骑着摩托车带着心爱的姑娘去兜风。机器的轰鸣偶尔会引起路人的咒骂，但他们反倒大笑着扬长而去。青春，在两个年轻男女的世界中开始恣意生长。

为了不引起三毛的反感，荷西总是以弟弟自称。每当荷西去三毛宿舍找她时，舍友都会对着三毛开心地起哄大喊“表弟来了！表弟来了！”在西班牙语中，“表弟”的同音词是指男子对女子的美好爱情。所以每当听到“表弟来了”时，三毛都会羞得满面绯红。她在众人羡慕的目光中跑下楼，质问荷西为什么不上课却跑来找自己。荷西手中攥着铅笔，背靠着电线杆，满脸带笑地对三毛说，他现在有十块钱可以买两张电影票，但却没有多余的钱坐车了。三毛感叹于这位“表弟”的天真和执着，满口答应了他的邀请。

三毛早就忘记了那个下午的电影内容，但和这位正在热烈追求自己的大男孩走路去看电影的经历却成了终生难忘的记忆。在整场电影中，荷西一直在纠结要不要握起三毛的手。他曾听人说，东方姑娘的手不能随便乱牵，那是许下一生承诺的动作。他大概也顾不上再去欣赏电影的剧情，而是自顾自懊恼了两个小时。

荷西对爱情的执着，一点儿都不亚于三毛当年对梁光明的追求。但这份爱却是不对等的。他比三毛小六岁，年龄的差距让三毛一直对他保持着姐弟的感情，可荷西心中早就种下了爱情的种子。他希望三毛能做自己的妻子，能在每天下班回家都看到心爱的中国姑娘早就为自己准备好晚饭。荷西顾不得现实的差距，他早已沉浸在对美好未来的想象中了。

然而，这份想象有多么美好，梦碎的时候心也就会有多么疼。

为了追求三毛，荷西经常在下午逃课去三毛宿舍楼下等她。三毛其实早就觉察出了荷西的感情了，但身为女人的她却又不方便主动开口。独自在外求学的荷西并不富裕，为了给三毛买礼物，荷西宁可忍受好几顿的饥饿。三毛自小就热爱拾荒，荷西也表示很愿意陪着三毛一起去捡垃圾。只要让他跟在这位姑娘身后，荷西愿意付出自己的一切。荷西以为，三毛的不拒绝就是接受，孰知这竟是最美丽的一场误会。

终于有一天，荷西鼓起了勇气向三毛求婚。玩意正浓的三毛一时间不知所措，她很喜欢荷西，可是她并不能接受荷西的这份感情，但现在她又不知道该怎么去拒绝她。任何的说辞对荷西都会造成伤害，三毛不忍心伤害那些她喜欢的人，这让她很是纠结。对三毛来说，荷西太年轻了，年轻到不足以理解三毛内心深处有关于爱的一切伤痛。

三毛委婉地对荷西说，按照中国人的认知方式，不赞成女方比男方大太多，这是不符合传统的。荷西却希望满满地告诉三毛，只要她愿意等待，等他大学四年，再等他兵役两年，他一定可以给三毛一段美好的爱情和一个幸福的家庭。三毛是等不起的，她无法去预测六年后的变故。与其把所有的希望都放在不可预知的未来上，她更应该在现在果断地选择放手。

三毛告诉荷西，他不应该把大好的青春浪费在自己身上。这句话，几乎就已经等于拒绝了。荷西并不是不懂得这句话的含义，他追问三毛自己做错了什么。三毛摇了摇头，告诉他应该一直向前走，不要回头，自己会在他背后一直注视着他的离去。荷西的内心是沉沦的，但他仍旧给了自己无限的希望，他对三毛说："Echo，我会听你的话，我不会再纠缠你，如果你相信，请等我六年吧。但是现在，让我一直看着你的脸，选择我自己的离开方式吧。"说完，荷西在三毛的脸上轻轻吻别，他一路后退着，不停地在胸前画着心的模样。三毛只记得那天的荷西满脸笑意，眼中却噙满了泪水。

荷西一边后退一边高声呼喊着"Echo，再见！ Echo，再见！"突然，马德里的天空下起了洁白的大雪，像是要把某些尚不成熟的故事冰冻起来，只为了等一个合适的时机再次捡起。荷西突然转身跑走了。看着他的身影在雪中越来越渺小，三毛的泪水也止不住流了下来。她在心中默默地对荷西说道："对不起，荷西，我的心已经空了，你我不过是彼此的匆匆过客。"

然而，即便是曾经的过客，也总是会有再次重逢的机会的。只要心中的那份信念不灭，缘分终将会孕育出人世间的几多传奇。

恋爱游戏

三毛已经 24 岁了。这是一个随心所欲谈爱情的年纪。

三毛与荷西的感情终于告一段落了。在她内心深处，很难是说对荷西没有产生爱情，只是她没有勇气去接受这样一份略带畸形的感情。荷西的热烈奔放让她不知所措，为了让自己尽快从这样的情绪中挣脱出来，三毛开始了一连串的爱情游戏。

在马德里，你永远都不会缺乏爱情的机遇。更何况三毛是有名的才女，追求他的男子比比皆是，三毛不缺少爱情，她只需要从那些男人中随便挑选一个做自己的男朋友即可。但这样的随性，看似风流潇洒，背后却是无人理解的凄凉。三毛渴望一份温暖，一份来自于自己最信赖的男人所给予的温暖。在除了父亲陈嗣庆和老师顾福生之外，三毛一直期待的那个男人至今还没有出现。

24岁的三毛年轻又贪玩，她沉醉于物质的享受中，也沉迷于各种男人为了她而争风吃醋。三毛的宿舍中每天都会有人送来各种不同的鲜花，她的挑选对象也从英国人、美国人最后换成了日本人。三毛更不会掩饰对一名日本人丰厚家境的喜爱。三毛在国外读书的这几年，家中每个月都会给她寄过来一百美金的生活费用，除去60美金用于交纳修道院的食宿费用，每个月她只有40美金的节余来支付自己的日常开支。但三毛在马德里的生活是奢靡的，这点剩余根本不够支撑她的正常生活。虽然荷西是可以和她一起享受贫穷的人，但现在，三毛决定要找一个富人做男朋友。

那个被三毛选中的日本人，他家在马德里开了一家豪华餐厅。日本人经常会给三毛送来鲜花、巧克力、漂亮的衣服……他对三毛极尽宠爱，同时又不失东方人独有的体贴和关爱。三毛一直享受在被宠爱的梦幻中，直到有一天日本人的求婚打破了她对这种迷醉生活的痴狂。

日本人给三毛送来了一辆价格不菲的豪华轿车，他对三毛说，他希望她能嫁给他，这辆轿车就是他们的订婚礼物。直到这一刻三毛才突然醒悟，自己喜欢的只是日本人花不完的钱，她只不过是在玩一场恋爱游戏，但从来没有对这个男人动过真感情。即便他的家境富裕，即便他比梁光明和荷西都更懂得照顾女人，但三毛并不想为这个男人承担任何责任。只是爱情从来没有单方面的付出，当三毛意识到自己需要为过去种种任性埋单的时候，她的眼泪流了下来。三毛是在懊悔，是在责备自己。

看着面前的美人暗自哭泣，日本男人连忙责备自己考虑不周，他安慰三毛结婚的事情并不着急，可以等她玩够了再去考虑婚姻的问题。三毛像是享受到了赦免，她从日本男人的怀抱中逃离出来，一路狂奔到宿舍中。当门在她身后关上，她与日本男人的感情也就此被彻底拦截。

其实三毛并不是一个对物质有着过度追求的女子，她只是空虚了。一个从台湾来的问题女子，当突然间面对马德里的形形色色时，三毛几乎迷失了自己。她找不到生活的方向，她渴望着爱情，却找不到可以托付的男人。所以她尝试着和很多种不同的男人交朋友，但那只是她释放内心的特殊方式。在数次得不到自己的需求后，三毛开始想念家乡，想念自始至终都会对自己包容的亲人们。甚至连那所害她患上自闭症的学校，此时也成了三毛最思念的对象。当人们开始想念的时候，就说明他们已经被世事沧桑磨平了棱角。每一次充满伤痛的故事，都是成长必须付出的代价。

流浪西柏林

三毛并没有停下恋爱的脚步，他和一名德国人在西班牙恋爱了。德国人是学校里公认的书呆子，他每天的固定生活内容就是工作和学习。此时的三毛在经历了几场逍遥的失败恋爱后，她只渴望能够让内心沉静下来。她来西班牙是想要探讨生命的意义，可自己在过去几年几乎一直沉浸在花天酒地中，早就忘却了思考的价值。德国人的出现，让三毛终于意识到学业的问题了。不过三毛还有另一个理由来说服自己喜欢上这个德国人，那就是他拥有一双深邃如同大海一般的蓝眼睛，这是三毛无法自拔的痴迷之爱。

为了进一步完成学业，三毛在马德里大学哲学学院取得结业证书后，又跟随着男友来到了西柏林，她想在他的故乡——同时也是哲学最伟大的诞生地之一——进一步去寻找心中问题的答案。三毛申请了在西柏林自由大学继续学习哲学，而根据规定，在入学前三毛需要先拿到歌德学院的德语合格证书。为此，三毛不得不开始了疯狂的德语学习。德国男朋友虽然是个书呆子，但他在学习上还是很有自己的一套手段的。他告诉三毛，想要在短时间内学好德语，不但要下苦功，更要逼着自己每天晚上听着德语广播睡觉。三毛照做了。这种高强度的学习方式果然可以让三毛的德语水平取得很大的进步，但却让两个恋人相处的时间变得更少。三毛一度怀疑自己究竟是爱上了这名德国人，还是爱上了德国人的学习方式。

情感上的苦闷，让三毛更想要逃离现实生活。好在她求读的学校坐落在西柏林的商业中心。这里是艺术家的天堂，同时也是各种百货公司鳞次栉比的场所。每次去学校的时候，三毛都会提前一站下公车。她想用这最后一站的时间和距离，让自己畅游在琳琅满目的商品中。西柏林的消费比马德里要高出很多，尽管父亲每个月寄给她的生活费用比之前多出 50 美金，但这些钱仍然只够三毛的基本生活，想要在商业街上来一次奢靡的享受则只能是天方夜谭。三毛每次只能过一下眼瘾，最后不得不拔起腿匆匆跑回学校。

好在她的德国男友并不介意生活上的拮据。他一心只在学业上，为人也十分刻板，甚至不懂得买一些小礼物来讨三毛的欢心。每次两人见面时，他谈论的话题都是在教三毛如何学习。更让三毛受不了的是，他会因为三毛的某个考试失误而喋喋不休一整个星期。而且他处理事情时的谨慎程度让三毛觉得简直不可思议。每次约会时，他都会把餐桌上的台灯移到窗前，以此当作可以见面的暗号。这让三毛总感觉像是在和间谍约会，所以在很长的一段时间中三毛一见到他的身影就已经产生了要逃跑的冲动。

在这段苦修的日子中，三毛开始特别怀念台湾的一切。德国属于内陆气候，冬天总是会下起鹅毛大雪。三毛已经失去了在雪中狂欢的激情了，她只感觉通体上下都被冻得冰凉。周边的环境一片死寂，三毛觉得这句话同样可以用来形容自己内心深处的凄冷。和德国男朋友相处的过程中，三毛很少有欢笑的时候，更不要提浪漫的故事了。一味扑在学习上，让三毛觉得疲惫又无趣，她不得不借酒浇愁，最后却总是发现思乡之情更加凝重。三毛找不到人去诉说内心深处的感情，只得把所有的愁苦都放在心中。而这恰恰是最坏的一种选择。

终于，在和德国男友的一次争吵后三毛愤然离去。她在东柏林的朋友家过了一个内心凄冷的圣诞节，从此也就宣告了她和德国男友的感情走向终结。三毛试图用旅行的方式让自己忘记伤痛，不想却因此而促成了另一段情缘。

负责为三毛办理签证的一名军官爱上了三毛。他痴迷于她那双独有的带有诱惑的眼神。为了给三毛办证件，军官在三毛身边寸步不离。一直等到全部手续办完，他对三毛的爱恋也走向了最高潮。

可三毛已然明白，世上最美的事情不过是艳遇一场。如果你想要尝试这样的行为给自己带来的甜蜜，就必须有能够承担得起所有后果的勇气和决心。如果你还没有做好准备，那最好趁早放弃这样的尝试。有些爱，即便你给得起，却永远无法知道它会结出什么样的果实。

再美好的艳遇，也无法挽留下三毛那一颗一直在流浪的心。

不好惹的中国妞

三毛的嚣张早在刚到马德里的时候就已经充分展示过了，同时她身上所带有的浪漫气息也让很多男人为之倾倒。这两种气质共同构成了三毛这样一个整体，她是不可分割的，爱她，就要爱她的一切。

三毛刚到德国的时候，又遭遇了一场烦心事，她最终的解决方式彻底惊讶了所有人对中国人的看法。

当时三毛申请的是男女混住的宿舍，宿舍里没有舍监，所以人们可以自由出入各个房间而不受监视。这让从修道院提供的宿舍中走出来的三毛感受到了极大的自由。三毛的宿舍是走廊的倒数第二间。她刚搬进去时，最后一间房是空的。没过几天，一个来自冰岛的金发女子搬了进来。三毛试图和新房客打招呼，不想却遭受了对方的冷眼相待。更让三毛不解的是，这位冰美人每次在厨房做饭的时候，她永远都只和男同学说话，但却从来不搭理三毛。

三毛仔细打量过这个新舍友。她穿着很流行的迷你裙，腿上是深色的丝袜，纵然着装是火辣的，但三毛却能感受到她冰冷的心。当时三毛正一心扑在德文学习上，根本没有时间去关心新舍友究竟是个什么样的人。这样宁静的日子过了两三个月，三毛的噩梦终于来了。

这位冰美人开始了广泛的社交，她经常带着男朋友回宿舍，并且隔三岔五就在宿舍里聚会，总有一大帮人喝着啤酒大声聊天，并且还把音乐的声音调到最大，这让三毛根本无法集中精神在那些难懂的德文上。仅仅一墙之隔，三毛完全感受不到隔壁的热情，却最终只落得神经衰弱。三毛意识到，如果任凭对方这样继续放纵下去，她的学业恐怕要就此葬送。

在咬牙忍了三个月后，冰美人的行为不但没有任何收敛，相反她交往的男朋友的身份竟然越来越复杂，有很多根本就不是学校里的学生。三毛知道，如果自己再不出面干涉，不但学业会受到影响，也许自己的人身安全也不会得到保证。终于，当隔壁的吵闹声再次响起的时候，三毛看了看表，时间是深夜十二点半。她已经忍无可忍了，于是便使劲敲响了对方的屋门。

好不容易让冰美人开门后，三毛发现屋子里的画面几乎让人羞于着眼。他们不单单是在开派对，更有几对男女正在阳台上全裸着身体在嬉戏。他们完全不在乎门口这个中国女人的感受，纵然门大开着，这些人依旧在相互打闹，大声喊叫着彼此的名字。

刚刚还怒火冲天的三毛突然间变得冷静了，她问冰美人："你们能不能小点儿声音，现在已经是夜里十二点半了。"

冰美人根本没有回答三毛的问题。她使劲把三毛推搡了出去，随后使劲把门关上，那震耳欲聋的声音仿佛是在向三毛叫嚣着挑战。三毛对她的行为一点儿都不惧怕，她曾经敢于和舍监动手打架，又怎么会害怕一个女学生呢。但三毛并没有再敲门，她心中很清楚，和这样的人动粗是起不到任何积极意义的，相反很可能会让自己被赶出这间宿舍。她强迫自己冷静下来，强迫自己对隔壁吵闹的声音不听不闻。一直到第二天清晨，隔壁的喧闹才停了下来，三毛也只好趁着去上课前的短短时间稍微休息一下。

第二天，三毛决定去找学生宿舍管理处的学生顾问处理这件事情。因为管理处只在上午的前两节课办公，所以三毛不得不旷课前来咨询。接待她的是一位中年律师，他对三毛的投诉有些莫名的反感，质问她："你说你的这个邻居骚扰你，但是我们为什么没有接到其他人的投诉呢？”

三毛回答说：“很简单，我们的房间在最后两间，中间隔着六个浴室和厨房，之后才是其他学生的房间，我们楼下是空着的交谊室，她这么吵只有我一个人能听得清楚。”三毛正在试图让自己冷静下来，在事情没有得到解决方法之前，她不想再引起宿舍管理处的任何不满和怀疑。

顾问终于开始正面回答三毛的问题：“我知道她这么做是违反规定的，但是我们不能因为你一个人抗议而让她搬走，而且我们不能轻易相信你的话。”

三毛知道，这些外国负责人对中国学生的问题总是持有偏见。她恶狠狠地盯着对方，问他：“这就是你的答复吗？”

对方点点头，说：“到目前为止是这样的，再见，日安。”

根据宿舍管理规定，冰美人的行为一定是要受到处罚的，但三毛必须拿出足够的证据来证明自己受到了骚扰。三毛又怎么会就此简单地放弃呢！

一个星期后，三毛再次来到宿舍管理处，接待她的还是同一位学生顾问。三毛直接坐到对方面前，从包里掏出了一支录音笔，并当着顾问的面按下了播放键。

顾问听完了录音笔中的内容后，立即起身让秘书拿过来一份文件，问三毛：“你愿意在上面签字吗？”

三毛发现文件上都是德文，有很多内容她看不明白。在一条一条咨询清楚后，三毛才知道这是一份责任担保书，确保她所有的控告都是真实的，如果有任何栽赃的嫌疑，三毛就会成为被处罚的人。最终，三毛庄严地在文件上签下了自己的名字。

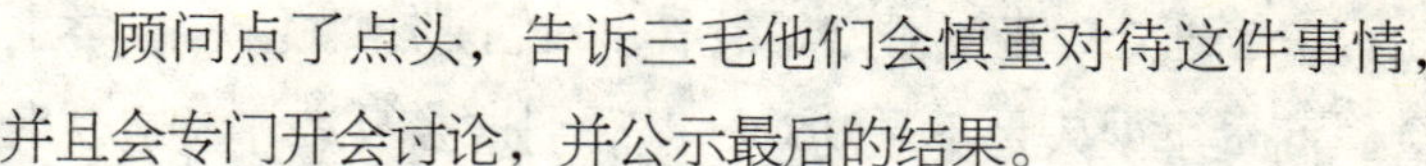

顾问点了点头，告诉三毛他们会慎重对待这件事情，并且会专门开会讨论，并公示最后的结果。

三毛又问："她会搬走吗？"

"我想这个学生是要走路了。"学生顾问叹了口气说。正在三毛要长长舒一口气时，顾问却说，"贵国的学生很少有像你这样的。他们通常温和谦恭，成绩很好，安静，小心翼翼。"顾问提到了一个也是来自台湾的学生，他的舍友曾带着女朋友在宿舍里住了三个月，他却从始至终没有提过反对意见。当这件事被管理处知道后，负责人问他为什么没有提出抗议，他却笑着回答说"没有关系"。三毛坚持抗争的行为，在这位顾问眼中是如此的不可思议。

三毛不知道对方说起这个故事的意图究竟是褒还是贬，她只是淡淡地问了一句："我的事什么时候能解决？"三毛只想要找个安静的环境读书，这无关乎她的国籍和身份。

顾问回答说："很快的，我们开会，之后请这位冰岛小姐谈话，将录音带存档就可以了。"

三毛终于得到了自己想要的答案，她和顾问握了握手，很有礼貌地感谢了对方。"好，谢谢您，不再烦您了，日安！"

仅仅一个星期后，这位冰美人就不得不搬走了。三毛惊讶于事情解决得如此顺利，却不想自己对于正当权益的维护却招来了一些同胞的质疑。当时三毛正在食堂排队打饭，她隐隐约约听到背后不远处正有人用中文讨论自己。三毛仔细一听，心中却升起更多的气愤。原来，那是两个同样来自中国的女人，其中一个告诉另一个人，三毛就是在学校强出风头的女人，是她和隔壁的舍友吵架并通过学生宿舍管理处撵走了对方。最后，她们竟然评论说："学生会里商量了很久是不是劝劝她以后别这么没教养，这么小的事情还要去告！再说了，她自己还和德国同学出去呢！真是给中国人丢脸！"

那一顿饭三毛吃得很不是滋味。她不明白为什么中国人在西方世界中就一定要把自己的正当权益隐忍起来，她更不明白为什么自己做的明明是正确的事情却还是要受到同胞的指责。三毛从哲学中无法为这些问题找到答案。尽管她已经成为全校闻名的不好惹的中国妞儿，但她依然无法为自己漂泊的灵魂找到合适的归宿。在没有爱的人间，三毛的灵魂永远都无法落地。

初到美利坚

三毛自小就有一个旅行的梦想。她渴望在所有的旅途中忘记现实给自己带来的一切忧伤，在没有人认识自己的地方，她可以随心所欲地放纵自己。然而终于等来可以自由自在生活的时候，她自己却已经两手空空。她走了很多城市，却没有找到自己的爱情。在三毛的故事里，距离永远换不来对彼此欣赏的美好。

有人说，这一时期的三毛太过于滥情了，她似乎只是为了爱情而爱上爱情，却一直不懂得真心付出才能让感情开花结果。其实三毛只是太害怕孤单了。她没有一个温馨的童年，在异国他乡的角落里也找不到相互取暖的人。她哪里是花心，这分明是在奋不顾身地追求自己的喜好。只是她太直接了，直接到让所有人都看不明白她内心深处的挣扎。从马德里到德国，三毛的生活中总是充满了匆匆的聚散。她热恋过，虽然灿如烟火，却又转瞬即逝。无奈之下的三毛，只能继续踏上流浪的路。

三毛来到了美国。她申请到了在芝加哥伊利诺斯大学主修陶瓷的机会。

三毛在美国有个堂兄。初到美国的时候，三毛直奔堂兄，希望他能帮助自己在美国落脚。但堂兄的生活过得也很拮据，面对这一个毫无生存能力的堂妹，他不但没有表现出亲情的友好，相反却对三毛极其嫌弃，认为她是自己的累赘，甚至多次恶语相向。三毛忽然间觉得很悲哀，原来亲情在利益面前也是如此脆弱不堪。三毛倒也不责怪堂兄，在彼此都很惆怅的时代，谁又能成为谁的上帝呢！

三毛离开堂兄住处的时候多少是带着些赌气成分的。不久之后，三毛在一家图书馆得到了一份工作，负责将各国的图书分类整理。只要是和书有关的工作，三毛都愿意做。更何况这份工作还能在相当程度上解决她在美国生活的拮据状况。

在此期间，三毛和两个大一的美国女孩子一起合租了一套公寓。三毛这时候已经28岁了，她已经过了追求浮华外表的年纪。三毛只想让自己能尽快沉淀下来，安心去过好一份属于自己的人生。尽管她曾经热衷于在爱情游戏中玩耍，或者说她从来都没有恪守过传统的道德标准，但三毛心中依旧有一些不可碰触的道德禁忌，这也是她一直都无法融入西方社会的根本原因。

有一天晚上三毛很晚才回家，却发现自己的钥匙竟然打不开房门。在意识到门被从里面反锁上后，三毛也曾尝试着敲门，但迟迟没有人来给自己开门。正在诧异的时候，三毛隐约听到屋子里传来一些类似梦呓的声音。三毛越来越疑惑，她不得不继续在外面敲门，甚至大声呼喊那两个女孩子的名字。不知道过了多久，门终于打开了。

映入三毛眼帘的是一个女子的胴体。再仔细去看，三毛发现女孩的私处涂抹着银粉。她懒洋洋地看了三毛一眼，似乎刚从某种极度兴奋中苏醒过来。三毛进门之后，发现屋子里的场景更让人惊呆。客厅中横七竖八地陈列着二十几具全身赤裸的男女，他们正挤在一起吞云吐雾，各自对三毛的闯入均没有丝毫反应。三毛突然间明白过来了，原来这群男女是在抽大麻。她以前只是听说过有很多年轻的男女会聚在一起抽大麻，然后滥交。起初三毛只是认为这不过是添油加醋的传说，等自己亲眼看见后她才明白原来作为东方女性的自己和西方社会的距离实在太遥远了。

没过多久，三毛主动搬离了这间公寓。她还是愿意在生活中保持一些纯洁，这和性无关，而是她内心深处的一种坚守。她不求人知，只求自我无愧。

尽管异常尴尬，但三毛在美利坚的艰难生活才刚刚开始。

三毛搬到了一个小型学生宿舍，这里聚集了很多努力用功的外国女孩，三毛起初以为自己终于找到了一处可以安心读书的地方，但结果总是证明她又一次的错误。

三毛一直保持着晚上阅读的习惯，住在她对间的正在读教育硕士的女孩每天晚上也都会忙于功课。不同的是，三毛的读书是静的，女孩需要借助于打字机的协作才能完成作业，是动的。三毛并不介意女孩打字的声音，凡是爱好学习的行为她都是可以包容的，并且从心底对对方保持着赞赏的态度。为了能专心看书，三毛通常会选择在对方完成作业后再开夜车读书，可谁知自己的包容却换来了对方的斥责。

有一天晚上，女孩早早完成了作业，三毛刚拧亮台灯要看书，就听到对方在敲自己的房门。三毛开门后问对方有什么事情，没想到女孩气势汹汹地质问她：“你不睡，我可要睡，你门上的毛玻璃透过来的光让我睡不着，你不知耻，非要等人告诉你的时候你才明白是吗？”三毛回头看了一眼身后的台灯，它只能照亮桌子上一小块地方，她自己都觉得不够用，又哪里能透过毛玻璃影响到对方的睡眠呢！多年在异乡漂泊的经历让三毛对这样的挑衅已经提不起任何兴趣，她只是静静地看了一会儿面前这张精致的面庞，反问道：“你不是也打字吵我了吗？”

“但是我现在打好了，你却不熄灯。”女孩振振有词。

“那么刚好，我不熄灯，你可以继续打字了。”三毛把这句话冷冷地甩给了对方，随即关上房门又进入了书本的世界。

三毛不在乎多一个朋友或者少一个朋友，她只是不愿意让这些对自己毫无益处的人们随意出入自己的世界。

三毛在图书馆做事时，偶也也有男同学约她出去。这些简单的约会，也终不至于发展成为爱情。可三毛没有想到，在情感不会生发的年代里，她竟然等来了一场诱惑。

当时有个法学院的学生邀请三毛下班之后去喝咖啡。三毛也没有多想，以为这只是又一次同学之间的小约会。从咖啡馆出来后，男同学开车带三毛来到一处湖边。停车后，他打开了车上的音响。在充满暧昧的音乐氛围中，男同学的手很自然地把三毛抱住了。三毛知道对方想要做什么，但这并不是她希求的。三毛关掉了音乐，又把车窗打开，她注视着对方的眼睛，非常直截了当地说："对不起，我想你找错人了。"对方显然有些尴尬，他问三毛："你不来？"三毛摇了摇头，说："我不来。"对方耸了耸肩，无奈地接受了三毛的决定，然后也算是很绅士地回答说："好吧！算我弄错了，我送你回去。"

车子开到了宿舍门口。三毛正要下车，男同学显然还抱有一丝希望，他又问："下次还出来吗？"三毛上上下下打量了一下对方，实在不知道该怎么回答他了。男同学见再也没有挽回的可能，他却又非常坦白地对三毛说："三毛，如果你不介意，刚刚喝咖啡的钱各自分担吧。"听到这句话，三毛竟然笑了。她并不会因此觉得对方小气，相反，现在她倒真的是有点儿欣赏他的坦诚了。只是这种以性为目的的交往不是她追求的。更何况当着这么美好的月色去和一位女士平分账单，这样的事情怎么看都不够浪漫。

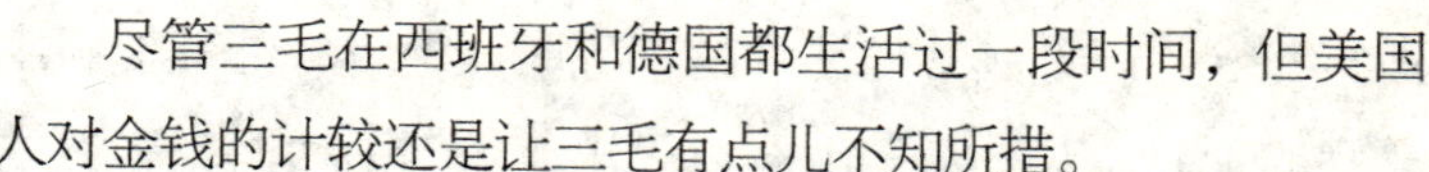

尽管三毛在西班牙和德国都生活过一段时间，但美国人对金钱的计较还是让三毛有点儿不知所措。

还有一次，三毛和一位女性朋友卡洛一起去吃午饭。当时她们各自买了三明治，卡洛还单独要了一盘“炸洋葱圈”。三毛很快吃完自己的那一份，正当她准备去结账时，卡洛对三毛说自己的“炸洋葱圈”吃不完了，问她能不能吃一些。三毛也没有多想，很干脆地就吃完了卡洛剩下的那些“炸洋葱圈”。可等到结账的时候，卡洛坚持三毛要付一半“炸洋葱圈”的账。三毛摊开了手，表示了无奈，于是不得不多掏半份的钱来完成这一餐的账单。

账单可以 AA 制，可在三毛的世界中，感情是永远都无法用 AA 制来结算的。如果连感情都要费心去算计的话，这样的生活必定也是被唾弃的。

被领养的“女儿”

远在异国他乡，三毛无时无刻不在想念着家乡父母的温暖。可她永远也想不到，在美国，在这个人生地不熟的地方，竟然有一对夫妇想要收养自己做女儿，并且还想把他们所有的家产留给她继承。

三毛在一个很偶然的机会遇到了这对夫妇。他们自己没有儿女，当见到性格温顺的三毛时，她就成为他们眼中最好的女儿，甚至对三毛视如己出。每当节假时，夫妇两人就会开车来到三毛宿舍楼下，接她去各处看风景。

这对夫妇在山坡上建造有一栋非常漂亮的别墅，两人还在镇上开了一家成衣批发店，可以说他们早就过上了衣食无忧的生活。或许每一对夫妻都期望着儿女绕膝的生活，这对无儿无女的夫妇经常邀请三毛去他们家吃饭，他们看待三毛的眼光中充满了慈爱。单纯的三毛只是以为这层关系是一种忘年交，却没想到他们正在准备给自己一个大大的惊喜。

这一天是感恩节。夫妇俩照旧邀请三毛来家里吃大餐。当差不多酒足饭饱的时候，夫妇俩满面笑容地告诉三毛他们有一个惊喜送给她。三毛边吃边问："是很大的惊喜吗？"夫妇很神秘地回答说："是，天大的惊喜，你一定会开心得不得了。"

三毛急忙清空了盘子里的剩饭，然后飞快把桌子上的杯盘都放到洗碗机中。一切收拾妥当后，他们三人非常庄重地坐了下来。三毛已经迫不及待地想要知道那个大惊喜是什么了。

妻子显然已经很激动了，她说话的时候声音都在颤抖，眼睛中早已经含上了热泪。她对三毛说："亲爱的孩子，我们商量了很多天，决心收养你做我们的女儿。"

"你是说，你们要领养我？"三毛几乎不敢相信自己的耳朵。这实在是一个太大的意外了，大到超出三毛想象力的局限。

看着三毛脸上的困惑，妻子收起了满脸的笑容。她心疼三毛，不想看到她为了任何事情揪心。她亲切地问三毛：“亲爱的孩子，你不喜欢美国吗？不想做家里的独生女儿吗？等到将来我们过世了，家里的一切财产都将是你的。”

三毛不知道是应该生气还是应该觉得好笑。她一直把这对夫妇当作是自己的忘年交，从来没有想过有一天他们会成为自己的父母，更没有想到他们之间的交往可以用金钱来衡量。三毛努力使自己保持着微笑，想要知道这件事情背后的动因是什么。她追问道：“我做你们的女儿有什么条件吗？”当说出这句话的时候，三毛感觉自己好像是在谈卖身的条件一样。

“没有什么条件，亲爱的。孩子，我们爱你，领养了你，你就可以永远幸福地跟我们生活在一起了，甜蜜地度过一生。”这对可怜的夫妻还在给三毛展示他们无私的爱。

“一辈子？”三毛再一次强调了时间节点。

妻子接下来的回答彻底惹怒了三毛，她说：“孩子，这世界上有很多坏心肠的人，你不要结婚，跟爸爸妈妈生活一辈子，我们会保护你。做了我们的女儿你可以衣食无忧，但是你不能丢下父母去结婚！如果你走了，我们就该把财产捐给哪个基金会了。”

尽管三毛很能理解他们的心情，但她却无法接受这对夫妻根本没有咨询过自己的意见而做出的“领养”决定。这让她觉得自己是一件可以被随意处置的物体。他们居然想要以有限的金钱来换取自己无限的青春，这怎么会是对自己的恩赐呢，这简直是世上最丑陋的事情。三毛放下手中的咖啡，非常镇定地整理了一下身上的衣服，然后只说了一句“再说吧！我想走了”，从此以后三毛再也没有踏进过这对夫妇的家门。

很多年后，三毛依旧记得那是一个寒冷的夜晚，天空飘着薄薄的雪雨。她穿着大衣在校园中漫无目的地走着，其实她根本不知道自己该去哪里。宿舍只是一个临时的住所，永远都没有家的温暖。想起这些年一个人在国外的生活，三毛突然发现自己几乎一无所得，她内心深处不禁升起一片冰冷。她想不明白为什么自己处处都会受到他人的欺负，如果父母在身边的话，她一定能时时刻刻都躲在温暖且安全的港湾里，他们一定不会让自己受一点儿苦头。

当这件收养风波都快要被三毛忘记的时候，许久没有联系过的堂兄却打来电话。他执意要给三毛介绍一个男朋友，据说还是他以前的同学。三毛对这里的一切都已经感到厌烦了，哪怕是真的有再发生一段感情的可能，三毛也不愿意再去为了陌生人而付出自己的任何情绪。她累了，不是因为学习，却是因为生活。

在经过很长一段时间的思考后，三毛终于做出了一个艰难的决定。她要回台北，她要回家。三毛离开父母的怀抱已有五年的时间了。五年中，三毛从一个懵懂的少女成长为成熟的女性，她不知道五年后的父母是否早已经变了容颜。越想到这里，三毛想要回家的心情也就越迫切。最后，她终于做出了飞回台北的决定。

第六章

重逢，经年之后知真情

做回普通人

任何一颗流浪的心，必定都是向往故乡的。远在天涯的游子，在最孤单寂寞的时候，心中升起的一定是故乡的圆月。三毛在异国他乡的岁月中，受尽了他人的白眼和嘲弄。她曾天真地以为，只要自己足够强大，就能换取别人的尊重。然而，她错了，错得很彻底。

三毛倦了。她想要回家，可是回到故土后自己又能做什么呢?

这些都是无法想明白的问题。既然无解，那就上路再说。三毛不是一个会在细节上纠缠过久的人，她相信行动可以给自己带来新的方向，思考不能解决任何实质性的问题。

如今三毛已经 29 岁了。家乡的父母已然年迈，他们渴望着最被挂念的女儿能尽快回到身边，希望她能从一个叛逆的人做回普通人的样子，梦想着她能在台湾的土地上结婚、生子，在柴米油盐的忙活中度过短短的岁月。这样的梦想，虽是平凡，却满满都是幸福。

其实不用父母催促，三毛也知道自己已经是大龄剩女了。女孩子最好的芳华岁月即将在她手中流逝掉，如果再不嫁人，三毛甚至不敢确定这一生是否还会遇到爱情。

但台北对她来说，已经和几年前离开时完全不一样了。因为暂时还没有想到人生的方向，所以三毛就经常靠着和同学们聚会来打发时间。不久后，她在一所学校找到了一个德语老师的职位。对她这样一个在德国生活过的人来说，教本土学生学习说德语并不算难事，所以三毛在工作上也不需要付出太多的努力，这让她有相当一部分闲暇时间去进行文学创作。起码在生存这件事情上，三毛已经不需要担心太多了。

三毛的第一位恋人，梁光明，已经结婚生子。这件事并不会引起三毛心中的任何波澜，但若细细想来，仍有一丝遗憾在心田。如果当初自己不执意要出国留学，如果能和梁光明顺利地走入婚姻的殿堂，如果……可是人生没有如果，既往的故事也不能重来。三毛是固执的，固执到走了错路，也要一往无前。不管时光如何流逝，梁光明——曾经的最爱，依然会在她的心中有不可替代的位置。

假如这时梁光明还没有结婚，三毛或许会义无反顾地和他再续前缘。但这一切只能是假设了。三毛必须开始她自己的生活。

三毛突然发现，即便是回到了故土，自己在这里也没有一个可以说知心话的朋友。亲人们也都在各忙各的，她似乎注定了要孤寂地存在于这个世界上。后来，她用一首小诗《橄榄树》记录了此时的心情：“不要问我从哪里来，我的故乡在远方，为什么流浪？流浪远方，流浪。为了天空飞翔的小鸟，为了山间轻流的小溪，为了宽阔的草原，流浪远方，流浪。还有，还有，为了梦中的橄榄树，橄榄树。不要问我从哪里来，我的故乡在远方……”

等到这首诗被李泰祥谱曲，并被齐豫唱红时，三毛早已经再次漂泊到了西班牙。她甚至无缘见识到自己作品所蕴含的更大价值。

既然生活如此，三毛于是就把全部心思都放在了教学上。当时，三毛堪称全校最认真的老师，孩子们也都非常喜欢她的亲切。与其他老师不同，三毛会把自己游历的经历贯穿于课堂中。孩子们对未来都是渴望的，对外面的世界都是好奇的，三毛的故事在他们看来简直就是传奇。当所有人都忽略了三毛的存在时，正是这些孩子们的纯真给她撑起了一片天空。

但父亲已经不忍看到 29 岁的三毛再继续孤身一人生活了。在一位同行的引荐下，父亲为三毛带来了一位德国教师。

第一次与这名德国人相见，三毛恍惚间总觉得似曾相识。两人互相的第一印象都还不错，之后的恋情发展也相当顺利。德国教师为人很善良，家境也不错，收入很是丰厚，更难得的是他对三毛百般怜爱，看起来是一个很不错的结婚对象。很快，他们的恋爱就进入了谈婚论嫁的阶段。父母为女儿的爱情感到激动，甚至充满几分庆幸，这个自小就不同寻常的女儿终于寻回了正常人的生活。

三毛也以为，这一次一定是上天眷恋。流浪已久的船只终于找到了温暖的避风港。再疯狂的年轻岁月，一旦进入了婚姻的故事中，生活就会慢慢平淡下来。这是所有人的人生都要历经的过程。三毛也已经为此做好了准备。

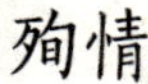

殉情

三毛以为她从此就可以过上普通人的幸福生活，但命运再一次和她开了一个过分的玩笑。

此时，三毛正沉浸在幸福的喜悦中。她和德国男人的感情已经到了谈婚论嫁的地步，三毛之前所经历的所有感情从来都没有这么接近于果实成熟的地步。她和未婚夫在重庆路置办了一些婚礼的物品，两人心中满是喜悦。当时他们二人在一家桃木工艺品店里正在挑选一套情侣配饰，弟弟却找来了，他告诉三毛家里来了一个找她的西班牙朋友，请她赶紧回去接待。三毛也没有多想，放下手中的物件就催促未婚夫回去。谁知一急之下未婚夫竟然失手把一个桃饰掉落地上摔碎了。这一不太好的预兆，似乎说明他们俩的感情总归不会有好的结果。

三毛和未婚夫匆匆回到家中后，发现前来找自己的是一位在马德里一同读书的同学。欣喜之余，同学还带给她一封信。三毛疑惑地拆开了信，发现里面只有一张照片，照片的主人公是一个英俊魁梧的成年男子，他赤裸着上身正在一片蓝色的海湾里抓鱼。这个男人穿着迷彩小短裤，从他胳膊上结实的肌肉可以猜测出他拥有一副非常强壮的身体。三毛并没有认出这个男人是谁，她看向同学，希望对方给自己一个答案。同学笑了笑，告诉她这个人就是荷西。

荷西！这个名字已经许久没有出现在三毛的记忆中了。那个阳光的大男孩原来已经成长为一个男人。她隐隐还记得荷西曾经单方面给自己许下的六年之约，虽然她从没有把这样的承诺放在心上，但很显然荷西依旧还在惦念着自己。三毛看了看身边的未婚夫，是的，她已经不可能再去回头寻回一段爱情了，现在的她早已经紧紧地把幸福抱在了怀里。

三毛送走了同学后，又在屋子里随便收拾着，可她发现自己的心竟然已经被那封信带走了。虽然当初是她亲口对荷西说了“不可能”，可为什么现在仍然有念念不忘的情绪呢？怅然若失的三毛竟然忘记了自己要做什么，她在屋子里转了一圈后，发现根本无法集中精神去做事情。三毛又摇摇头，哀叹自己的痴狂。

上床后，三毛和未婚夫又聊起了自己在西班牙和德国的游学经历。一直聊到晨光微露，二人才疲倦地睡去。第二天醒来后，三毛发现未婚夫还在沉睡。原本以为他只是太疲乏了，但不论三毛如何使劲呼唤，未婚夫都再无回应。等三毛再仔细去看，虽然未婚夫的睡容依旧，却已经失去了生命的温度。

他在睡梦中去世了！

三毛几乎无法相信发生在眼前的事实。就在几个小时前，二人还在亲密地交谈，现在却要天人永隔。三毛拼了命地呼喊着他的名字，试图把他从假寐中唤醒。但这一切都只能是徒劳。那原本已经抓在手中的幸福，却被上天撕得粉碎。

三毛继续生活下去的信念彻底崩塌了。她抚摸着脖颈上的结婚信物，那是未婚夫亲手给自己带上的。信物上刻着两个人的名字，还有他们白头到老的誓言。当风可以吹散一切誓言时，当初为什么又要许下坚贞不渝的承诺？三毛把自己锁在卧室中，大声地哭，沉默地痛。没有人知道她究竟是睡着还是醒着，时间已经对她失去了任何意义。

母亲缪进兰心中还是放不下亲爱的女儿。虽然三毛的房间中已经不再传出哭喊，但过分的沉寂反倒让母亲感到不安。她轻声地在三毛卧室门口呼唤着，却没有得到任何回应。母亲最了解三毛了，她知道三毛在感情中一定是用情最深的，要么不爱，要么爱到无法自拔。不见任何动静后，缪进兰慌了神，她转身到外面窗户前向里望去，却见到地上扔着一个空药瓶，一个用来装安眠药的药瓶。缪进兰大声呼唤着，人们把房门撞开，早已经失去意识的三毛被手忙脚乱地送到医院去。

缪进兰责怪三毛，责怪她为什么这么不珍视自己的生命。她是自己一手抚养起来的，她的生命不应该只属于自己。然而现如今的一切责备都没有任何意义，作为父母，他们不得不假装坚强地承受起三毛因为脆弱而带来的所有伤害。

三毛最终被抢救了回来，但她的心已经死了。原本以为台湾故土是一个可以让自己重新开始的地方，但现在，哪怕仅仅只是活着，就已经快让她失去所有的能量。她无法承受痛苦的重量，无法面对任何一种感情。三毛真的已经被伤透了。

等到康复后，三毛决定离开这里，回到她曾经感到最自由自在的西班牙。或许，她这颗濒死的心只有在西班牙的蔚蓝天空中，才能找到自由的力量。

旧的城市，旧的人

三毛再一次站在了马德里的街头。短短的别离，仿佛过了整整一个世纪。三毛身上已经没有了当初的活泼和好奇，她从内而外地感到疲惫。台湾虽然是她成长的地方，但此刻她觉得只有回到了西班牙，才像是回到了自己真正的故乡。在这里，她无须再为不必要的感情和责任付出真心。在台湾的经历，让她认为那才是一场惨绝人寰的流浪。

时间总是无情的，它从来不会因为一个人类的喜悦和悲伤而停下前进的脚步。三毛在马德里留下了太多值得回忆的故事，只是现如今都已经想不起了。街道依旧，甚至百货商店也还依旧，可三毛的心变了。她再不会早下一站路只是为了去逛百货商店，再见马德里恍如隔世。她甚至不想要去想起和过去有关的任何回忆，因为任何记忆都会

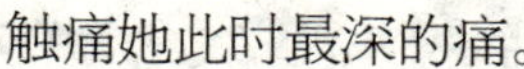

触痛她此时最深的痛。

三毛总是会静静地站在街头，看着熙攘的人群，看着车水马龙。三毛像是一位摆脱了尘俗的圣人一样，俯察着人世间的故事，自己却再不想沾染其中。如果上天还会给她一次爱的机会，三毛甚至都不确定自己是否还愿意伸手去接对方递过来的橄榄枝。三毛渴望爱，可现在她更多的是对爱的惧怕，所以她才选择一个人，孤独地流浪到远方。

但缘分的奇妙是说不清楚的。不管你愿意与否，命中注定的那个人总会在你最需要的时候出现在你的身边。

时隔六年，就在三毛快要褪去相信爱情的心境时，荷西又恰好出现了。

虽然已经长成男人了，但荷西脸上的羞涩并没有随着岁月而褪去。他的兵役期限还有一个月，很显然他早已经得知三毛又回到马德里的消息，所以他也悄悄地开始了自己的求爱计划。荷西不知道三毛这些年的经历如何，他的爱如此单纯，且狂热，正如撒哈拉的骄阳一般，一旦被点燃，就永不熄灭。

荷西希望能够给三毛留下一次永生难忘的告白，但他害怕再一次被三毛拒绝。看着他正在经历左右为难的痛苦，荷西的妹妹伊斯帖主动站出来充当起他和三毛之间红娘的角色。

伊斯帖找到三毛，带给她一封荷西写的信。荷西在信中说：“过了这么多年，也许你已经忘记了西班牙文。可是我要告诉你一个秘密，在我十八岁那个下雪的晚上，你告诉我，你不再见我了，你知道那个少年伏枕流了一夜的泪，想要自杀吗？这么多年来，你还记得我吗？和你约的期限是六年。”

荷西不知道，三毛收到信时究竟有多么激动。而这一场激动，其实也正在筑就他们日后爱情的基石。

在一个阴天的下午，三毛正在沙发上和朋友们闲聊天。朋友突然要求三毛回转头，他用双手蒙上了三毛的眼睛。三毛知道，这样的动作通常代表着有一个惊喜即将到来，但她没有预想到在这个阴沉的下午发生的惊喜会成为自己这一辈子最深刻的回忆。后来，三毛在文章中如此描述当天的经过：“当我闭上眼睛，听到有一个脚步向我走来，接着就听到那位太太说她要出去了，但要我仍闭着眼睛。突然，背面一双手臂将我拥抱起来，我打了一个寒战，眼睛一张开就看到荷西站在我面前，我兴奋地尖叫起来。那天我正巧穿着一条曳地长裙，他穿的是一件枣红色的套头毛衣。他揽着我兜圈子，我嚷叫着不停地撞打他，又忍不住捧住他的脸亲他。站在客厅外的人，都开怀地大笑着，因为大家都知道，我和荷西虽不是男女朋友，感情却好得很。”

在相别六年后，这位痴情的西班牙男子和这位多情的中国女子，终于用一种特别的浪漫方式又相聚在一起。

三毛本以为枯寂的心再不会起任何波澜，没想到当荷西拥抱起自己以后，她竟然泪流脸面。三毛一会儿哭，一会儿又笑，像是个疯子，却又比疯子多了几分动人之情。荷西像是一朵火焰一样点燃了三毛。三毛这才意识到，当初做出的拒绝的选择是有多么违心。虽然很多年没有见，荷西却早已经住进了她内心深处。这样一个长久的拥抱，足以把所有的感情都激发出来。

三毛若恐若惊地接受着这份感情。她经历了太多的不幸，她生怕这一连串的灾难会再一次降临在自己爱的人身上。她极力想要去控制好情绪的表达，却发现总是适得其反。

荷西已经不是当初那个毛头小子了。他学会了潜水，他告诉三毛现在他开始喜欢上在大海航行的感觉了。他说，如果有那么一天，他愿意带着心爱的女人在无垠的大海上漂流，任凭洋流把他们带往这世界上的任何一个地方。不管在哪里，只要她在身边，他觉得那就是天堂。

荷西健壮、温顺，并且变得非常有主见和原则性，这是一个男人真正成熟的标志。相反，三毛比六年前的自己却要更加平和。岁月给了她很多伤痛，也给了她平和看问题的心态。三毛退却了狂妄的姿态，在荷西依旧喜欢的东方神韵下，更彰显出温婉和沉着的魅力。这一对金童玉女，注定是被世人所期待的一对。

当时三毛并没有正式的工作，她只不过是在敷衍生活，没钱的时候就随便写一些东西挣点儿稿费。对生活失去了激情后，三毛连写文章的力量都快要消耗殆尽了。有时候为了赶出杂志社的任务，她就常常把自己整日整夜关在房间里面创作。时间一长，三毛的健康受到了明显的影响，她变得更加消瘦，精神上也感觉到更多的困惑和苦恼。

三毛的这种生活状态让荷西很是焦急。终于有一天，他邀请三毛到公园里散步，在经过一处园丁工作的地方时，荷西指着正在树枝上的修剪者，他告诉三毛不管生活是什么样，只要自己还有选择的机会，他就一定会努力去做高高在上的修剪者，而不是被关在牢笼里独自发光。直到这一刻三毛才明白，原来岁月在给自己带来伤痛的同时，也给面前这个男人带来了成熟的睿智。她开始用另一种眼光看待荷西，她似乎能感觉到他胸膛内正要喷薄而出的男性气息。突然间，三毛心中升起一种无法名状的感动，她似乎看到了自己的心房正在打开，大面积的阳光一下子闯了进来，让她空虚的内心从此被填满。

那天下午，三毛和荷西肆意地谈着天，他们拥抱，他们并肩，一如当初恋爱时的模样。

三毛知道，只要上天再给他们一点动力，旧的城市、旧的人都会焕发出新生。

无条件相守

三毛能接受这份感情，是荷西日日夜夜都渴求的事情。在他心里，从六年前的分别到现在，三毛从来没有离开过。但荷西也意识到，不管自己为了这份感情付出怎样的热情和努力，他和三毛之间好似始终有什么东西在相隔着。那是一种说不清道不明的感觉，虽然他们已是恋人，也如正常恋人们一样彼此亲昵，但他始终感觉自己无法真正靠近这个敏感女人的内心。他为此尝试过很多方法，却发现所得甚微。

三毛后来在回忆时，说道："荷西经常对外人夸耀说自己的妻子是个作家，可妻子写的是什么他却根本就看不懂。"这大概就是对当时荷西所感觉到的状态的最准确的描述。荷西爱着三毛，但荷西并不了解三毛的内心在想着什么。

其实，三毛并不是不能完全接受荷西，只是因为此时的荷西太完美了，三毛甚至有些自卑，她觉得现在的自己根本配不上这样好的荷西。如果是在六年前，他们还能对等地谈一场爱情。可在历经那么多情伤之后，三毛总觉得内心对荷西是有亏欠的。她当初不应该那么草率地就拒绝了荷西的求爱，正如现在不应该草率地把自己真正交给荷西。

三毛说，与她平时所接触到的那些总是在处心积虑的人们不同，荷西是单纯且善良的。他不在意她的过去，也不会去追问她对未来的要求和打算，荷西想要的仅仅只是陪在她身边，不管她做什么事情都给予一切支持。而这一点，恰恰是三毛觉得最对不住荷西的地方。

有一天，荷西说想要带三毛到自己家里去。他的表情非常凝重，仿佛在极力隐藏着什么。三毛很是疑惑。荷西从来没有邀请过自己到他的住处去，现在为什么突然提出了这个请求呢？等到进入了荷西的房间，三毛被第一眼看到的景象惊呆了。原来，荷西在整整一面墙上贴满了三毛的照片，有她玩耍时候的剪影，有大哭或大笑的情景，也有深沉思考的状态。当柔和的阳光在照片上一点点划过时，三毛这才知道荷西对自己用情究竟有多深。

三毛假装轻松，笑着问荷西，他是从什么地方弄到这么多照片的。荷西挠了挠头，有点儿不好意思，回答说，他有一次去三毛的中国朋友家，意外地发现了三毛的很多照片，于是他就拿相机把这些照片全部翻拍了下来。六年的时间中，只要是想她的时候，他都会取出一张照片贴到墙上。天长日久后，有一些照片早就剥落，可墙上的石灰印记再也抹不去。同样抹不去的，还有荷西那一颗真爱三毛的心。

荷西凑在三毛耳边，轻轻地对她说，不管她曾有过怎样的经历，他都愿意在她身边一生守候。如果她的心已经碎了，那他愿意用自己那颗完整的心和她来交换。三毛的所有支离破碎，他都愿意用一生的时间去为她缝补。

三毛这才意识到，自己其实早已经把心交给了荷西。因为真正的爱情不是浓烈的痴狂，而是在面对彼此的时候不会因为任何意外而去闪躲。

三毛和荷西之间这段长达六年的相思之路，必须由她自己亲手画上句号。

三毛还没有来得及说出“愿意”两个字，眼睛已经被泪水填满。

陪你一起去流浪

三毛仍然记得儿时第一次听见“撒哈拉”这三个字时的感动，她不由自主地重复了一遍，闭上口之后却总觉得意犹未尽。在她此后的人生中，撒哈拉成了对梦想和自由的最佳寄托之地。三毛无数次想象着骑在骆驼的背上，独自一人自由自在地走在茫茫戈壁中，当猛烈的风呼啸而过，它们一定会把自己的所有哀痛与沙粒一起带走。在那里，三毛可以唱自己想唱的歌，穿自己爱穿的衣服，哪怕这些都是忧伤的，但脸上展现的也一定都是最纯净的笑容。如果能和情人在这里度过一生，即便把生命留在这里，三毛也是愿意的。

当在尘世中历经了人生的疲倦后，三毛又一次燃起了对撒哈拉的渴望。但她又是犹豫的。现在的三毛收获到了意外的爱情，爱情可以让人变得诗意，也可以让人变得眷恋。三毛无法抑制内心深处对撒哈拉的追求，即便人在西班牙，可她的灵魂早已经飞荡到了非洲。终于，三毛开口告诉给荷西自己的梦想。

但三毛并没有想到，这只是她一个人的梦想，或许并不是两个人的行程。

荷西曾说过，他渴望的是大海，但他渴望的更是三毛。所以在三毛告诉他有关于撒哈拉的一切后，荷西沉默了。他本想用积蓄去买一艘船，带着三毛从爱琴海开始他们的漫游故事。一想起这样的场景，荷西浑身上下都会充满激动的力量。没有人愿意轻而易举地放弃梦想的，但为了三毛，荷西最后决定放弃了大海，他选择了沙漠。

荷西只是不愿意看到三毛伤心和失望，哪怕自己受再多的委屈，也要心爱的女人永远幸福。他可以把撒哈拉当作是自己漫游的海洋，而三毛则是他唯一不变的女神。

三毛应该感谢上帝让她遇见了荷西。即便是在撒哈拉沙漠中最艰苦的岁月里，也正是因为拥有了荷西，三毛才拥有了生活中的点滴小情调。在三毛所有的著作中，以撒哈拉生活为背景的这一本最令人惊艳。原因只有一个，那就是荷西。

真正的撒哈拉绝对不是三毛想象中的模样。这里的黄昏寂寥又悲壮，当落日染红天际，漫天的黄沙从屋前嘶吼着吹过，仿佛会隔绝掉所有生命的气息。在这里，天空格外高，大地异常宁静，沙漠的夜晚让人们恐惧。烈日让所有的物体都患上了高温综合征，在正午时分你甚至可以听见石头爆裂的声音。

相比之下，大自然的残酷还只是一种温和的惩罚，而战乱不断、种族矛盾、生活穷困、缺乏用水等条件，让这里的生活几乎等同于灾难。

可爱情是战胜所有情绪的终极力量。

荷西悄悄收拾好行李，提前三毛一步来到了撒哈拉。

他在阿尤恩城外一家磷矿公司里找了份工程方面的工作，工资少得只够支付房租的费用。如果真的要在这里安家，荷西希望能把这里打造得更加舒服一些。他想用自己的一生去帮助三毛实现梦想，他心中暗暗地问三毛："你愿意嫁给我吗？嫁给我，让我陪你一起去流浪。"

荷西祈求三毛的回答，无论结果，他只想要三毛的亲口答案。

逃向撒哈拉

荷西在撒哈拉过的生活简直惨不忍睹。

这里的天气既炎热又干燥，每天的平均日照可达到 11 个小时，中午时分的温度甚至可以超过 50 摄氏度。为了生存，为了让三毛在这里过上更好的生活，荷西却要在如此恶劣的环境下忍受着高强度的工作。他在吊井下面劳作，伴着轰鸣的炮声，荷西和其他工友一起寻找着大自然的矿藏。但这样的工作并不能给他换来丰厚的工资，更何况这里的消费水平高得要命，一瓶水的价格比台湾的可乐价格还要高。为了省钱，荷西甚至不舍得买水喝，实在觉得太渴的时候，他就用舌头舔一舔嘴唇。谁知一个月后，嘴唇竟然被舔烂了，鲜血在敞开的口子中溢出，但荷西从来没有因此叫过苦。因为他心中有一个尚未完成的信念，那就是在这里和三毛结婚，让她过上想要的生活。

荷西终究没有忍住对三毛的思念，他写信给她，诉说着自己在这里的生活，诉说着现在已经属于他们两人共同的梦想。三毛不忍心看到荷西受这样的苦，她回信求他回来。可荷西对爱情的坚守近乎固执，他说他会一直等在撒哈拉，等待着三毛的到来。就在这样两地相思的岁月中，荷西又写了一封信，他说："我想得很清楚，要留住你在我身边，只有跟你结婚，要不然我的心永远不能减去这份痛楚的感觉。我们夏天结婚好吗？"

荷西终于不再犹豫是否要迈出这一步了。即便现在遭到了三毛的拒绝，他也绝对不会后悔这一决定。为了三毛，他早已经付出了一切。另一方面的原因是，撒哈拉是一个随时都可以让人丢掉生命的地方。荷西担心第二天就再也没有机会对最亲爱的人说出最浪漫的话，所以他不顾一切地表明了自己的心意。

三毛没有回信告诉给荷西答案。在一个神秘的晚上，三毛轻轻告别了三位室友，为了梦想，为了爱人，她终于踏上了前往撒哈拉的征程。

三个月后，三毛娇小的身影出现在撒哈拉的烈日下。看着无边的沙漠被劲风搅动，三毛心中一阵狂喜。她回头看了看来时的脚印，自己留下的每一步都写满了故事。三毛在沙漠中狂奔，激动的泪水沾湿了她曾踏过的每一寸沙漠。三毛感受到脚下的温度正一点点通过脚趾传遍每一寸肌肤，正在融化她心中冻结了整个青春的坚冰。

也不知道跑了多久，三毛一回头，看到了正在张开怀抱迎接自己的荷西。

当初那个俊朗的男人，被撒哈拉的沙子变成了嘴唇干裂、皮肤黝黑、头发一团糟、衣服又脏又破的“难民”。三毛又高兴又难过，可荷西的眼中却闪烁着激动的神采。终于，在漫漫黄沙的见证下，三毛答应嫁给荷西。她早就想要结束流浪的日子了，正是荷西的出现，让她心甘情愿地走进爱情的温柔乡。当她牵起荷西那只满是粗糙的大手，三毛一下子找到了自己终生的爱情和归宿。

荷西带着三毛回到了他早已经为她准备好的家。打开门，三毛只看到一条暗黑的走廊，走廊尽头是墙皮有大面积脱落的小房间。但三毛只是笑着，完全不顾及家境的破落。荷西从背后抱着三毛，两人亦步亦趋地走进了属于二人世界的第一个家。这是一段神圣的路，虽然没有结婚殿堂那般圣洁，可当新郎牵着新娘的手走进一个陌生的世界时，荷西知道从今以后他就要担负起属于三毛的一切。

不过三毛并没有给荷西太多温存的想象，她挣脱了他的臂膀，自己跑到了走廊的尽头，煞有介事地看着荷西。

荷西突然问道：“你要嫁一个多有钱的丈夫？”

三毛回答说：“看着不顺眼的话，千万富翁也不嫁，看着顺眼的话，亿万富翁也嫁。”

荷西突然有些惊慌，三毛不确定的回答更加剧了他的紧张。荷西有些沮丧，又问：“也就是说你一定要嫁个有钱人了？”他看了看自己租来的房子，天花板上还有一个大窟窿。很显然，这并不是有钱人的生活。

三毛笑了，她把荷西拉到屋子里坐下，轻声耳语说：“也有例外。”

“如果是跟我呢？”荷西惊喜地问。

“在你身边只要吃得饱就行了。”三毛答。

荷西假装委屈，弱弱地问：“你吃得多吗？”

“不多，以后还可以少吃点。”三毛很郑重其事地回答道。

两个心有灵犀的人抱在一起笑了。原来爱情不只是一种美好的想象，他们俩的婚姻也不会建立在物质的基础上。只要爱的是一个对的人，那么生活中的一切都是对的。

三毛推开极力要求一个拥抱的荷西，她跑到厨房，想看看这里究竟有多么破落。在厨房里，三毛只看到一堆还没有洗的碗筷，水龙头还在滴滴答答地流水。三毛心中暗想，如果这个房子中有个女人，一切一定会有新的变化。

所幸的是，荷西自己养了一头羊，以后每天清晨起床后可以喝上新鲜的羊奶。

即便是在最贫苦的岁月中，只要有心，生活总是可以创造惊喜的。三毛是荷西的惊喜，而现在，她决定要用一生的时间为荷西去创造更多的惊喜，还有幸福。

第七章

亲爱的，你可听见撒哈拉在欢呼

做一回“巫医”

在撒哈拉定居下来后，三毛就开始了自己的沙漠之旅。第一次在沙漠中行走，三毛像是一个到这里来旅游的背包客，她只带着一些生活必需品和一个帐篷，完全没有想过在这片沙漠中可能遇到的危险。在遇到一些游牧民族时，他们总是会伸手向这位来自文明世界的人要东西，可三毛却无法从背包中拿出他们期待的物品，这让三毛多少有一些沮丧。

第二次再去行走时，三毛聪明了很多，她事先了解到当地人们的医疗条件最差，所以提前给自己准备好一个小药箱。为了和当地人打好关系，三毛决定同时带上一些他们感兴趣的而价格又不贵的小物件，以此讨那些好心但是很贫穷的人们的欢心。三毛把玻璃珠串、廉价的戒指、发光的钥匙装起来，她知道这是孩子们的最爱，至于奶粉、白糖等则是专门为家庭妇女准备的。三毛知道，孩子和妇女是最少有怀疑心的。她不是坏人，更不想被当地人对自己起戒心。虽然三毛非常不愿意用物质来换取当地人的友谊，但这似乎是唯一可行的方法。

当地人不懂西班牙语，三毛就一边说着话一边用手势胡乱比画着，她试图用最轻柔的语言和对方说："不要怕，我不会伤害你们，过来，别怕。"与此同时，她将一串漂亮的珠子挂在一个小女孩的脖颈上。当三毛轻手抚摸过她的头发时，小女孩开心地笑了起来。原来，爱美是世界上所有女性的天性。

三毛忽然发现，一旦彼此间有了同一话题，他们之间的距离瞬间就被拉近了。

等到东西送得差不多了，三毛凭借着从文明世界带来的一丁点儿医疗知识，在当地开始充当起了医生的角色。遇到皮肤病患者，三毛就会他们涂上一点儿药膏；遇到头疼的病人，就给他服用一片阿司匹林；如果有人眼睛烂了，毫无疑问要使用眼药水治疗；有些人的身体很瘦弱，三毛会把复合维生素分给他们。

曾有一次，有一位患上头痛病的老太太来找三毛治病，三毛只是给了她两片阿司匹林服用。没想到老太太服下药片还不到五秒钟，她就大叫着说自己的头一点儿都不疼了。为了表达对三毛的感谢，她拉着三毛进了自己的帐篷。帐篷里有几个用面纱蒙着脸的女子，三毛猜测她们是老太太的女儿或儿媳。三毛出于好奇，用手势示意她们能否将面纱摘下来。几个女人终于羞涩地露出了自己淡棕色的面颊，三毛惊讶地发现在相同面纱的遮盖下，她们竟然都有着一张漂亮的面庞。被眼前的美好吸引住的三毛，忍不住想要拿出相机拍下她们的神情。可正在三毛忘我地进行摄影创作时，一个男人突然走了进来，他看到三毛正在做的事情后竟然大发雷霆。男人将老妇人踢翻在一边，又对几个女子进行了一场谩骂。三毛看这几位女性都快被骂哭了，她猜测男人应该是家里的男主人，于是便试图上前去辩解。没想到男人用不太熟练的西班牙语和三毛说，她刚才的行为把这些女士的灵魂摄走了。他认为三毛是一名巫医，而他最爱的这几位女人在她的巫术下很快就要死去。

三毛只感到好气又好笑。男人伸手就要打她的相机，三毛惊慌地往外跑去。一直跑到车子上，她忙叫导游巴新快开车走。当时巴新正在送水，他上前将正在追赶三毛的男人拦住，可任凭他怎么为三毛辩解，当地人仍然围着三毛不让她离开。

三毛这才知道，想要威胁这些当地人的方法实在太多了。他们可以选择不给这些人送饮用水，或者借用沙漠军团的名义，又或者用一些迷信的手段，都可以轻易地把这些人吓唬住。虽然在巴新的威胁下，当地人答应放三毛走，但三毛明白她必须亲自把这一事情解决掉，否则她和他们的关系永远都不可能好转。三毛想到，既然他们认为自己是摄取灵魂的人，那么自己现在就可以把他们的灵魂“还”回去。如果马上开车就走，那几位被认为很快就会死去的女子恐怕会痛不欲生。

三毛拍了拍巴新，示意他停下车子。三毛站起来对周围的人们说：“我现在就释放你们的灵魂，你们不要担心。”于是当着众人的面，三毛打开了照相机的后盖，取出了黑色的胶圈，并让他们拿着胶卷对着阳光看。当众人发现胶卷上只剩下白色的人影，而没有被摄取灵魂的人的真实面容后，他们这才放下了心。从此之后，三毛再也不敢带着相机对陌生人和陌生的地方随便拍照了，这不但是对当地人的不尊重，甚至还会给自己引起不必要的麻烦。

三毛和巴新一路上都在谈论这件事情，当时他们的车上还坐着两个搭车的撒哈拉威老人。听到三毛说的趣事，其中一个老人声称自己还曾遇到过比三毛的照相机更有魔力的东西，那个像是玻璃一样的小东西只要对着人照一下，就能把他的灵魂摄走。三毛微微笑了一下，从包里拿出一面镜子，对着老人一照，问他是不是这个东西。老人突然在镜子中看到了自己的面容，他吓得差点儿从车上掉了下去。另一位老人发现后，急忙用力拍打巴新的后背。巴新一脚踩住了刹车，两位老人逃命一样跳了下去。

三毛完全吓呆了。她没有想到，在这个地球上竟然还有人没有见过镜子。再抬头看巴新的送水车，车上果真没有装有后视镜。三毛不禁对居住在这里的人们产生了一丝怜悯。她想不通这里如此落后的因素，究竟是地理的限制还是人为的局限，她渴望的自由对当地人来说竟然是一场蒙昧和无知。

为了让当地人了解镜子这个神奇的物件，她想到一个小伎俩。再到沙漠深处时，三毛在车上放了一面中型的镜子，下车后她用石头做依靠把镜子竖了起来。虽然当地人都认为镜子是最厉害的摄魂物件，但他们仍然忍不住对镜子的好奇。三毛则反其道而行之，她故意站在镜子前面梳头擦脸，然后再如同没事人一样走开。孩子们最受不了好奇心的吸引，他们瞒着大人偷偷溜到了镜子前，刚开始他们只是一闪而过，想要实验镜子摄魂能力的大小。在发现并没有什么危险后，他们开始大胆地站在镜子前，盯着镜子里面的自己，傻呵呵地乐出了声。最后，镜子周围居然围了一大群撒哈拉威人。从那之后，当地再也没有镜子收魂的说法了。

至此，三毛想到，如果能够为这些原始的地区带来文明，那么她的这趟自由之旅也就具有了更高级的意义。

终于结婚

在撒哈拉的生活终于安顿好了。荷西要做的第一件事情，就是拉着三毛去法院里登记结婚。他为了这一刻等得太久了，如果再不完成这个法定程序，荷西就会再也无法忍受内心的煎熬。

法院里并没有多少工作人员，他们只见到一个头发全白的老秘书在值班。荷西走上前去，询问对方如果想要登记结婚该怎么办。这一问题难倒了老秘书。原来，他们二人竟然是当地第一对去法院登记结婚的人。撒哈拉的人们有自己的生活习俗，他们从来不会到白人的法院里去结婚，而这对异乡来客要在这里结婚更是不可思议的事情。

老秘书对工作很认真，他让荷西和三毛等一会儿，自己从房间里抱出来一大摞早已落满灰尘的书籍。老秘书开始在书中一页页地查询，很久之后，他通知二人，如果想要结婚，就需要准备好出生证明、单身证明、居留证明、法院公告证明等材料。荷西很兴奋，虽然这个过程有些烦琐，但他想要和三毛结婚的愿望终于能实现了。

可三毛想要拿到这些证明文件会非常麻烦。因为她是台湾人，所以最初的证明必须交由台湾当局出具，之后还要经台湾驻葡萄牙公使馆翻译证明，之后转西班牙驻葡领事馆公证，之后经西班牙外交部转到西属撒哈拉审核，核准公告之后，材料还要送到马德里户籍所在地法院公告。如果一切都顺利，想要拿到这份文件起码也要等上两三个月的时间。

三毛一向是讨厌走流程的。她无奈地看着荷西，问他是不是可以不结婚。没想到这一询问却遭到了荷西非常坚决的否定。荷西问老秘书，还有没有比较快捷的方法，因为他为这一刻已经付出了太久的时光。老秘书虽然被荷西的真诚打动了，但当他的目光放在了三毛微微隆起的腰腹上时，他突然决定什么也不说了。原来，他以为三毛和荷西是未婚先孕，这在当地是非常难以接受的。虽然对于文明世界的年轻人来说，拥抱、接吻甚至是性都不是什么禁忌的话题，但三毛却不是一个愿意尝试禁果的人。她语无伦次地向老秘书解释着，却依旧只是得到了对方的沉默。

无奈之下，三毛只得费心去准备这些恼人的文件。在等待的日子里，三毛彻底迷上了这里遍布的黄沙，她开始一次次地向着沙漠的深处进发。在很多人看来，三毛就是一个疯女人，甚至还有人向警察局举报了她。警察声称如果三毛再这样“危害一方”，他们就会在三个月后把她遣送回马德里。为了不引起更多的麻烦，三毛只得向一个退休老司令请教进入沙漠的地图。她还听从了很多并不太靠谱的导游的讲解，最后还请教了当地的土著老人。在得到了一份相对完整的进入沙漠腹地的地图后，三毛开始做起了必需的准备工作。

她需要两辆吉普车，一个向导，还需要足够的汽油和食物，当然最重要的一点，她需要钱。虽然在撒哈拉地区很多时候都无法用钱来解决问题，但如果没有钱，她将寸步难行。三毛计算过，如果要完成自己进入撒哈拉的梦想，她所需要的费用可达二十七万台币。她和荷西都拿不出这么多钱。即便可以，三毛也不会这样做。这是她自己一个人的梦想，是再不能让荷西为了她的梦想付出的。

无奈之下，她只好一个人背着背包和相机，在一些村落周边游荡。虽然无法体会到撒哈拉内部的风光，但三毛依旧对这段旅程感到新奇。她记得自己看到过海市蜃楼，也体验过当地的奇特风俗。每当翻看自己拍到的那些照片，三毛都会感觉很快乐。

正当三毛还在享受自己的奇遇时，她的爱人——荷西仍然在烈日下辛苦地工作。

直到有一天，三毛突然接到一份通知，她几个月前申请的证明文件已经到了。这意味着，她和荷西结婚的愿望终于要实现了。

三毛把这个消息告诉给了荷西，荷西和法院确定过后，又告诉给三毛一个令人吃惊的消息。原来，他们的结婚日期被定在了第二天上午，所以他们从现在开始就必须要着手准备有关结婚的一切内容。

当三毛把这个消息打电话告诉给父母时，父母既生气又欣喜。气的是三毛竟然在结婚前一天才通知他们，喜的是这个愁嫁的孩子终于要成为新人妇了。遗憾的是，他们无法在一天的时间内赶到撒哈拉，所以也就无法出现在三毛的婚礼上。

第二天，荷西请三毛在当地唯一一家破电影院里看了一场不入流的电影，这便是荷西可以送给三毛的唯一的结婚礼物。

去法院前，三毛特意找到一件长裙穿上，那略旧的颜色散发出一些古典的气息，让三毛这个东方精灵身上显出了一些可爱的模样。荷西捧着三毛的脸，仿佛永远都看不够。他轻轻地给三毛戴上帽子，并把一根香菜别在了帽子上，好让他的新娘子更加漂亮。

在法院里，两个人被规定要严肃地坐好。荷西很紧张，也许是因为天气热，他的汗水都已经流到了胡子上。一位穿着黑色缎子法衣的法官为他们的婚礼做证，主持婚礼的依旧是那位老秘书。他用缓慢的语速讲着法律中有关于结婚的一切条款，最后郑重其事地告诉给荷西和三毛，只有结婚之后他们才可以住在一起。听着这句废话一样的法律条文，三毛实在忍不住笑出了声。突然，她发现拿着证明的法官的手在微微颤抖，三毛这才意识到自己刚才行为的失礼。原来这是这位法官第一次为新人做公证。

法官问三毛："三毛，你愿意做荷西的妻子吗？"

三毛只是非常简单地回答了一个"好"字。

面对这一简洁回答，法官竟然有些混沌了。他笑了一下，又问荷西同样的问题，在得到肯定的答复后，法官又沉默了一小会儿，仿佛在努力记起接下来要做什么。就这样，两个人如同木桩一样站着等待法官的指令，突然，法官说："好了，你们结婚了，恭喜，恭喜。"

一场期待已久的婚礼就这样结束了。

当听到法官说出"恭喜"时，三毛简直长出了一口气，她第一时间就是先把帽子拿下来扇风，荷西专门为她别上去的香菜却被甩了一地。三毛没有想到，当时竟然有很多他们不认识的陌生人走上前来送祝福。虽然这是一场一点儿都不隆重的婚礼，但却成了三毛和荷西记忆中最美好的一天。

但法官似乎忘记了最为重要的一项仪式：彼此交换结婚戒指。回到家后三毛和荷西才想起这件事，却也只能笑笑就忘记了。

白手成家

终于能娶到心爱的女人了，这让荷西心中升起不可名状的感动。在荷西的世界中，只要有三毛，其他的一切都可以忽略不计。

从法院回家的路上，荷西提出要到沙漠中最豪华的旅馆住一夜。毕竟结婚是一生中的大事，荷西不愿意自己的婚礼之日就这样草率地结束。然而三毛却早早地做起了家庭主妇的算计，她告诉荷西，一晚上的住宿费用足够他们买一个星期的饭菜。只要是和心爱的人在一起，住在什么地方她都是无所谓的。最后在三毛的坚持下，荷西和三毛牵着手回到了那个简陋的家。

推开门的一刻，三毛还收到了一份大大的惊喜。他们家客厅中正放着一个非常大的蛋糕，这是荷西的同事们送给他们二人的结婚礼物。蛋糕上写着“新婚快乐”四个大字，还有一对穿着结婚礼服的夫妻人偶站在蛋糕上，穿白色婚纱的新娘的眼睛还可以如真人一样眨眼睛。虽然并不是非常特别的礼物，但在沙漠中能收到这份“贵重”的礼物，这已经是最令人开心的事情了。三毛一反成年人的稳重，她第一时间上前把两个人偶拔了下来，然后向荷西宣布了自己对人偶的所有权。荷西无奈地摇了摇头，难道他还能和小孩子一样为了人偶和三毛打一架?

两人开心地吃完了蛋糕后，荷西这才掏出戒指戴在三毛的手上。虽然没有历经婚礼上的神圣一刻，但三毛仍然可以从中感受到荷西对爱情的温馨。

当初在得知三毛要来撒哈拉生活时，几乎所有的亲友都是持反对态度的，唯独父亲陈嗣庆选择了支持自己的女儿。父亲给三毛寄去了一大笔生活费用，他不能亲自守候在女儿的身边，只希望能以这样的方式满足她内心深处小小的渴望。荷西是一个大男子主义者，他实现了给三毛一个家的承诺，但他从来没有用过三毛一分钱。荷西嘱托三毛，父亲给她的钱如何花任由她自己处置，他自己有足够的动力去赚取更多的钱。

荷西是工程专业出身的学生，婚后的日子虽然过得节俭，但荷西却用灵巧的双手打造出很多家具。三毛也充分发挥了拾荒的本领，她经常能从外面捡回来一些非常有用的废弃材料，然后荷西就会把它们变成精美的工艺品。二人也经常在一起夫唱妇随，荷西在屋顶会把所有的木头都锯成块，三毛则负责把这些木头分类整理。二人一直干到太阳高照，三毛会为荷西擦干头上的汗水，为他准备好冰块，并给他的皮肤涂抹上防晒油。然而沙漠中的太阳实在太毒辣了，荷西经常被晒得晕头转向，但他从来没有停下过手里的活计。一切困难都无法阻挡他要为这个家付出努力的心。

荷西要亲手创造出一个属于他和三毛两个人的完美世界。

午饭后，荷西因为疲累而很快进入午睡状态。等他再醒来，已经日近黄昏。等空气中的温度降下来，荷西又继续爬起来做活。甚至是在天主教徒的安息日，荷西也不愿意休息，只因为家中还缺少一张桌子和一个书架。

在二人的努力下，卧室中出现了一个长排的挂衣服用的衣柜，虽然它看起来长得很奇怪，但因为这是三毛的设计，所以荷西仍然认为它是美的。三毛自小就渴望做一个艺术家，并且她也一直坚信自己身上有数不清的艺术细胞。所幸她遇见了荷西，在荷西眼中三毛做的一切都是对的。他会对三毛想出来的奇怪设计赞赏有加，这更加剧了三毛的设计嗜好。同时，厨房中还多出来一个小茶几，无处安放的调味品终于有了一个“家”。三毛用一条麻布条纹窗帘遮挡了室外的日光和高温，从此之后屋子中就充满了浓郁的家乡的味道。

当一切布置好后，荷西和三毛干脆锁上了房门，开始了他们的蜜月旅行。

在尽情享受了一番沙漠风光后，回到家的二人都累得不行。但荷西必须再努力奋斗，他趁着休假时间又用白灰把整面墙重新粉刷了一遍。工资发下来后，他把所有的钱都交给了三毛，却不舍得给自己买一双新鞋子。三毛也变得更加节约，她爱上了布衣的质朴，也很少再去花钱买新衣服。荷西上班后，三毛找来很多空心砖铺在地上，又在上面盖了一块棺材板。随后她又找到两块海绵垫子，一块放在木板上，一块靠着墙壁与另一块成 90 度角。三毛用和窗帘一样的麻布给这两块海绵垫穿上了“衣服”，一个纯手工制作的沙发便堂而皇之地出现在他们家中。

之后三毛又找来一大块白布铺在桌子上，她把母亲寄来的细珠帘卷用作很好的装饰品。母亲还从台湾寄来了棉纸糊的灯罩，父亲陈嗣庆给她寄来了在海报上看到的怪里怪气的东西，姐姐给三毛寄来了很多衣服，弟弟却给荷西寄来一件和式的浴袍，好友平生生给他们寄来了大箱的皇冠丛书，好朋友林复南则寄来了大卷现代版书。在众多亲朋好友的帮助下，这个简陋的家中已经被填得满满的。

三毛拾荒的爱好此时也派上了大用场，家中很多装饰物都是她捡来的。离家最近的一处垃圾场成了三毛最大的财富发掘地，她每天都在这里游走，希望能捡到一两件可以使用的生活用品。哪怕只是捡到一个绿色的瓶子，三毛也会用剪刀把其剪成盛放的花朵的模样，摆在家中角落，好给这片黄色的沙漠装点出一些生机。

三毛还收集了各种各样的汽水瓶子，把它们涂成不同的颜色，远远看去有一股浓烈的印第安风情。正是凭借着自己的一些小创造，三毛把这个家变成了一个“艺术博物馆”。

有一天家里突然来了两个人，他们声称是慕名而来，其中一个人还抱着一大束的天堂鸟。原来，三毛的家已经是沙漠中远近闻名的处所了。来到了这里，仿佛让人可以瞬间跳出沙漠的荒芜。两人对三毛家中的所有摆设都赞叹不已，他们惊讶于三毛会用从坟场捡来的石像做装饰，更惊讶于她会用棺材板来做沙发。众人眼中的废弃品，只要经过三毛的手，就一定会变成有模有样的工艺品。在即将告别时，其中一人看中了一尊淡红色的鸟像石雕，他们想要出钱买下来。三毛考虑一下，决定把这一件大自然浑然天成的艺术品送给他们。

沙漠中的生活是艰苦的，可三毛却凭借自己的智慧和善于发现美的眼睛，竟然与荷西一起把婚姻过成了童话。爱情，是具有改变一切的力量的。哪怕再多的困苦，正如荷西说的那一句话，“只要有你在身边，此刻便是天堂。”

爱情须经营

基于金钱的压力，荷西选择把家安在阿尤恩坟场附近。这里很是荒凉，附近住宅区都没有门牌标识，唯一具有吸引力的就是相对低廉的费用。但想要安下这个家，荷西依旧不得不掏出一万西币。

虽然家里很简陋，可三毛用自己灵巧的双手和一双善于发现美的眼睛让这里变得温馨起来。结婚登记回来的那天，荷西强烈要求要抱着她的新娘进屋。三毛像是一个被荷西宠坏的公主一样，她在荷西的怀抱中打量着他们一起付出了这么多心血的家，突然间笑出了声。这哪里像是个婚房，屋子里连一张像样的桌子都没有，更没有舒服的床，两人晚上只能躺在一只睡袋里，互相抱着，互相看着对方的眼眸。荷西心中还是对三毛感到愧疚的，他不敢直视三毛的眼睛。对荷西的这一想法，三毛早就心知肚明，她轻拍了一下荷西的肩膀，似乎是在安慰荷西，但更像是在安慰自己，她说："我很喜欢，这里很好，坐在家里可以看到星星，让我们来布置它吧。"

听到三毛如此说，荷西打心底里感到高兴。白天的工作早已经让他疲惫不堪，所幸现在他有了爱自己的女人，有了可以帮助自己操持家务的妻子。当荷西向三毛讲出那句要爱她一生一世的话语时，他就已经决定要对这位东方来的美人倍加珍惜。爱情来之不易，他又怎么舍得轻易丢弃。

三毛和荷西都是向往自由和流浪的，但撒哈拉的艰苦环境却让两个人都开始渴望安定的生活。三毛曾写过一篇文章叫《白手成家》，文中她详细讲述了自己是如何把这一个破败的沙漠之屋变成了充满艺术气息的小家庭的。虽然其中有数不尽的辛酸和艰苦，但当看到这个家成为当地人交口称赞的对象时，三毛还是倍感欣喜的。没有什么忧愁可以胜过她与荷西的爱情，而现在，他们两人都在努力地想要经营好这一份爱情，这是世上最美好的事情。

三毛对于艰苦生活的改造能力，甚至成了使她远近闻名的技巧。附近的居民都知道这里住进来一个黄皮肤、黑头发、黑眼睛的女人，她有一双具有魔力的手，可以把他们早已经习以为常的生活变成奇怪的模样。他们没有见识过这种“奇怪”，但在内心却对“奇怪”充满了好奇。在残酷的撒哈拉中，三毛和荷西的家就像是遗世独立的宫殿一般存在着，惊艳了多少人们的眼光。

当一切准备就绪，三毛开始想要过起“养尊处优”的生活。做完一天的家务后，三毛都会在惬意的午后喝上一杯咖啡，静静地看完一本书，然后等着某个人从工作中解脱出来，和自己一起去享受生活的美好。她喜欢这样的生活，简单，却满满都是幸福的味道。每次回家，长着大胡子的荷西总是激动地和她拥抱、亲吻，属于三毛的浪漫气息完全感染了他。而三毛也在不经意间依赖上了这种感情，她知道，这一生再也离不开荷西了。

日子就在平平淡淡的岁月中过去着。突然有一天，三毛听见门后响起了荷西急促的喊叫声。她慌慌张张地打开了门，发现荷西手上包裹着一层又一层的报纸，他紧咬着嘴唇不说话，脸上的神情紧绷着，像是犯了错的孩子在极力隐瞒着什么。三毛问荷西发生了什么事情，荷西慢慢地把手上的报纸拆开，一只完整的骆驼头骨出现在他手中。三毛惊讶地几乎要叫出来，这是自己来到撒哈拉后一直想要拥有的艺术品，它正在以不可侵犯的姿态散发出高贵的光芒。三毛顾不上询问荷西如何得来的这件珍品，她自己早已经沉浸在对所爱之物的欣赏中无法自拔了。

在这片毫不尽人情的撒哈拉中，荷西成了最懂三毛的那个人。他无休止地宠爱着她，他告诉三毛这件头骨就是送给她的结婚礼物。三毛只记得两个人在屋子里又抱又笑，哪怕是在如此贫寒的环境中，她也感受得到这世上最真挚的幸福。

怎奈荷西因为工作的原因每周只能回家一天，这小小的别离竟成为夫妇俩心头最伤的痛。每次分开的时候，三毛几乎都在请求他能不能不走；可再次见面时，荷西总是

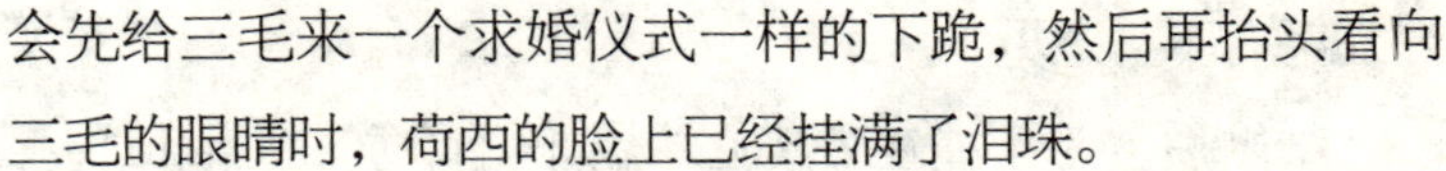

会先给三毛来一个求婚仪式一样的下跪，然后再抬头看向三毛的眼睛时，荷西的脸上已经挂满了泪珠。

在这样一场乌托邦的爱情中，三毛和荷西的关系超越了一切有形有相的角色。他们简单地爱着对方，彼此只想着付出，从来不计较回报。如果人间还相信爱情的话，三毛和荷西，必将是被永恒记住的两个闪耀的名字。

艰难一家人

因为结婚很匆忙，三毛和荷西双方的父母都没有出席他们的婚礼。三毛的家庭对这一出格的行径表示了理解，而且父母对三毛自小到大做过的奇怪事情早已经见怪不怪，现在她能拥有一个爱她的丈夫和一个温暖的家，这是比任何恩赐都更有力度的结果。虽然对于无法出席婚礼表示遗憾，但他们还是发来了祝福。可荷西这方面的父母就没有那么宽容了。荷西的家教其实是很严格的，可偏偏他的几个兄弟姐妹在婚姻这件事情上都没有顺父母的意。荷西是在结婚前一天才通知父母的，他在美国的大姐则是在结婚之后才写信告诉给父母的。相比之下，荷西和三毛的做法已经温和很多了。但即便有这样的对比，荷西的父母还是对三毛有不少意见。

结婚后，为了能在公婆心中留下好印象，三毛每周都会主动给婆婆写一封信，并且总是以低姿态来表示自己的歉意，希望可以讨到婆婆开心。很快，三毛就收到了公公的来信，他在心中说他们会像爱荷西一样爱三毛。但三毛其实最期待的还是婆婆的看法，毕竟，一个女人在家庭中的影响力是不容小觑的。遗憾的是，三毛从来没有收到婆婆的书信，这让她一直有些忐忑。

圣诞节时，荷西决定带三毛回家去看父母。两人一路颠簸地下了飞机，面对凄冷的机场，竟然没有一个人来接机。虽然早就料到会有这种情况，可三毛心中还是觉得很凄冷，她甚至已经打起了退堂鼓。为了把回家的时间尽量拖延，三毛假装口渴，央求荷西到咖啡馆去坐一会儿。在喝下三杯汽水后，三毛实在找不出更好的理由再拖延时间，只得跟着荷西打车回家去。

下车后，荷西打开家门，他的父母和兄弟姐妹都从走廊另一头跑过来拥抱他。三毛一时间不知所措，她本想先给这家的男主人一个拥抱，没想到婆婆竟然主动过来抱住了自己。她上下打量着三毛，眼神中满是惊喜。直到这一刻三毛才知道，自己原来所有的担忧都不过是一场杞人忧天。

进家后，三毛快速地把家中的摆设浏览了一遍。只见屋子中的所有家具都非常规整地摆放着，处处不染纤尘，家人穿的衣服也都很整洁，一点儿也没有他们在撒哈拉得过且过的影子。为了表现出好儿媳的形象，三毛每天都要和婆婆争抢着做家务，她极力地对所有人表现出自己友善的一面，希望能在这短暂的相处中为荷西挣下足够多的面子。

圣诞节前夕，婆婆在统计完每个人的用餐口味后告诉三毛，他们一共有 37 个人用餐，而且大家都特意点了中国菜。为了满足大家的需求，三毛只好请求荷西陪自己去菜市场买菜。可婆婆却不同意，她说男人是不能进菜市场的。眼看荷西对这种几近于荒谬的说法并无异议，三毛只好自己一个人拎着菜篮子和一个小拖车走出了家门。

为了庆祝圣诞节，婆婆大清早一起床就出去做头发了，公公通常都会去散步，妹妹有男朋友要约会，大哥决定去滑雪，二哥不知道何时早就不在家了，荷西还有一些老同学要聚会，家中只剩下三毛自己一个人来过这个热闹的冷清节日了。为了表示庆祝，她一个人去逛了百货公司，给自己买了一件新衣服。这本该是一个高兴的日子，可三毛心里却觉得有些委屈。她究竟只是一个爱好自由的东方姑娘，西方人这一套我行我素的做法她实在看不明白，恐怕一生也无法融入进去。

三毛开始期待着重回撒哈拉了。

圣诞节当天的晚上，三毛把全家人点的所有中国菜全都摆在了桌子上。所有人都在餐桌上享受着节日的气氛，唯独三毛一个人在厨房忙得团团转，她甚至连抱怨的时间都没有。三毛以为没有人在乎她这个中国人的感受，可公公早就看到了三毛为之付出的一切，他走进厨房和她拥抱，称赞她厨艺的高超，并且告诉她荷西能和她结婚这是属于他们一家人的幸福。

聚会终于结束了，公公真诚的赞赏还在耳边回荡，这让三毛觉得自己付出的一切都是值得的。但这却无法让面前一只只油腻的碗碟变得干净，她必须要在上床前完成所有的家务。三毛又想起了撒哈拉的自在，那里从来没有那么多的家务要做，自己想睡到几点起床都可以。无奈这里不是撒哈拉，这里是荷西的家，有那么多的家庭成员等着自己去照顾，即便丈夫并没有表现出过多的体谅，但传统的教养告诉三毛她此刻必须去承担起自己应该做的一切义务。

这样的日子虽然快乐，却也充满煎熬。

终于熬到了回沙漠的日子了，三毛简直难以掩饰心中的兴奋。临别前，荷西在马德里最热闹的海鲜店请家人吃饭。荷西的妈妈抱着三毛开始痛哭，她请求三毛和荷西能够尽快回到马德里过安稳日子，她不忍心看到儿子在沙漠的环境中受尽磨难。三毛不知道该怎样回答婆婆，幸好姐姐及时将婆婆拉开，否则还不知道会造成怎样的尴尬。

不管怎样，荷西和三毛离开马德里的飞机终于起飞了，三毛做圣诞苦工的日子也正式宣告结束。等待着的，又将是她早已经念念不忘的撒哈拉。

天堂鸟的爱情

三毛曾想要写一篇名为“我的另一半”的文章，主角毫无疑问是荷西。三毛问荷西的意见，没想到荷西却撅着嘴说自己是一整片的，怎么能说自己是一半呢。三毛看着荷西清澈的眼睛，意识到他是在表达内心的真实想法，并无半点儿开玩笑的成分。造成如此差异，也许要归咎于东西方文化的差异，但这种差异是不是也会对他们日后的婚姻造成影响呢？三毛对之表示了怀疑。

在三毛的个性中，她也是一个完整的整体，不会因为结婚了而改变自己性格上本真的东西。正因为她和荷西都是自我个性太强的人，所以他们的婚姻一定会面临着彼此棱角的碰撞。如果不是两个愿意为彼此甘心付出，这样的婚姻一定不会走得太远。

在撒哈拉，摆在二人之间最大的问题依然是感情。尽管荷西为三毛付出了这么多，三毛也一直在寻找一个可以让她寄托终身的人，可这里和文明社会的很多制度都是格格不入的。文明世界中讲求的是一夫一妻制，在撒哈拉的世界中，男人是可以娶好几个老婆的，这让三毛日夜都在担心荷西有出轨的可能。更何况，她的丈夫长得如此帅气，她又怎么忍心和别人共享荷西呢？

三毛和荷西在沙漠中过着神仙眷侣一般的生活，两个人都是沙漠中最受欢迎的人，于是也就为各自的艳遇埋下了祸根。

有一天荷西下班回家时带给三毛一大束天堂鸟。这是沙漠中非常名贵的花种，三毛是爱花之人，见到这么漂亮的花自然欢喜得不行。荷西说这是他的同事马诺林送给三毛的，三毛当时也没有想太多，她正忙于找一个合适的瓶子来放这束花。如此漂亮的礼物，绝不能在容器上丢掉它高贵的价值。

之后的每个周末，荷西回家时都会给三毛带来一束天堂鸟，而且毫无疑问都是他的同事马诺林送来的。荷西一心扑在养护这些花上，他时常给它们换水，为了增加花的营养他还在水里加了阿司匹林，又会悉心地剪掉腐烂的花根。荷西以为，三毛喜欢的花朵，他就应该付出百分之一百二十的用心去照看好。荷西是一个大脑筋的人，他根本想不到一位陌生男士给女士送花代表着什么意义。但三毛却因为如此有规律的送花行为而产生了怀疑。她依稀记得马诺林曾经经常来他们家做客，可自从他开始央求荷西给自己送花后，马诺林的身影再也没有在三毛面前出现过。这背后一定有不可说的玄机。

面对如此昂贵的礼物，三毛决定和当事人当面表明自己决绝的态度。趁着荷西去上班，三毛把马诺林约到了家里。她给马诺林倒了一杯水，表情严肃地盯着他，马诺林像是做了错事的孩子一样双手抱着头，仿佛有一千万种不让自己说实话的念头正在心中涌现。这更加证实了三毛的猜测。她知道，没有必要对马诺林说抱歉，相反她现在很同情这个男子，因为他付出的爱永远都没有办法得到回应。因为三毛的心中已经有了荷西，她再不会爱上任何男人了。三毛最终回绝了马诺林的好心，同时她也非常感谢他，因为对一个女人来说有人爱是最好的赞赏和鼓励。

马诺林并不是坏人，也不是什么好色之徒，他对三毛的爱如此单纯，甚至只懂远远地给三毛送花来表示自己的爱慕。但他的存在影响不到三毛和荷西的爱情。三毛的拒绝是明智的，她不忍心让这样一个痴情的男人在没有终结的爱情路上独自向前。自己曾经是感情的受伤者，所以三毛永远不会再让他人受同样一份伤。

对马诺林的事件，荷西自始至终一无所知。他不明白为什么同事再也不给自己的妻子送花了，而且他还辞掉了工作，从此消失在荷西与三毛的世界中。马诺林临行前，送给三毛很多很多书。撒哈拉是知识贫乏的地方，这也是他能够给三毛带来的最宝贵的财富了。

没能在对的时间遇到对的人，这大概是天底下所有爱情的忧伤。

荷西与艳遇

三毛对爱情的坚贞，是对荷西付出感情的完美回应。三毛悄悄地回绝了一场意外的感情，同时她还替荷西回绝掉很多不必要的“艳遇”。在感情中，三毛是小气的，她不允许荷西看其他的美女，很多前来追求荷西的女人还没有展开爱情攻势，就已经被三毛的炮火摧毁了。

为了有效控制荷西的感情，三毛不得不掌控住荷西的钱包。他每个月的薪水都必须要上交，如果有必须要花钱的地方，就一定要向太太打申请。其实也并不是三毛非要这么做，而是因为荷西太善良了，每当邻居请荷西来帮忙时，他都会满口答应下来，甚至还会出钱帮对方买东西。更让人无法忍受的是，前来找荷西帮忙的总是以女性居多，这让三毛不得不摆起足够多的防备之心。

记得有一次，三毛和荷西应邀去参加一个酒会。为了这次宴会，三毛把自己很久没有穿过的黑色晚礼服找了出来，她又给自己配上一套价格昂贵的首饰，然后只需要再搭配一双高跟鞋一切就完美了。但三毛翻遍家里所有的角落也没有找到自己的高跟鞋。球鞋、平底凉鞋、布鞋……

三毛所有的鞋都好好地放在原处，唯独高跟鞋不见了。正在一筹莫展之际，三毛突然看到鞋架上放着一双脏兮兮的尖头沙漠鞋，她一下子就认出这是姑卡的鞋。又想到这些天姑卡总是有事没事到自己家里来，尤其是趁荷西在家的时候她跑到这里的频率就更高了，三毛一下子就把怀疑对象转移到姑卡身上。

三毛怒气冲冲地来到姑卡家，大声质问她是不是偷走了自己的鞋子。姑卡原本还不承认，但见三毛一副不好惹的样子，她这才慢吞吞地在家里找了起来。可是鞋子依然没有找到。姑卡说可能是她妹妹把鞋穿走了，三毛简直气急败坏，却也一点儿办法都没有，她只得回到家中换上棉布的白衣服和凉鞋去参加宴会。当走在一群珠光宝气的女士中间时，三毛简直想要找个地缝钻进去。荷西的同事还嘲笑她说，假如给她一把拐杖，她就和牧羊女别无二样了。

第二天姑卡来还鞋子了，可鞋子已经被糟蹋地不成样子。面对三毛的指责，姑卡竟然回应说自己的鞋子也在三毛家里，这没什么好抱怨的，如果要生气，她也应该生三毛的气。这种奇怪的理论让三毛一时语塞。当地如姑卡一样的人们并不在少数，他们把三毛的家当成了一个可以免费取用物品的超市，家里缺什么就会招呼也不打就到三毛家里来取，用完了通常也不会主动还回去。三毛只感觉家里随时都会被扫荡一空，她生气地对姑卡吼道：“除了我和我丈夫的牙刷，你们还对什么感兴趣？”没想到姑卡竟然开始追问他们的牙刷长什么样子。气急败坏的三毛直接把姑卡撵了出去。

其实这些都是生活中的小插曲，三毛并不是真的生姑卡的气，也并不是真的介意居民们到自己家来取东西，她真正担心的还是那些妙龄女郎对荷西的诱惑。三毛害怕有一天人们从他们家偷走荷西的心。

因为在这里男人可以娶多个妻子，所以邻居中的一些女子通常会当着三毛的面明目张胆地勾引荷西。蜜娜就是这样一个女人。相比起三毛，蜜娜更加美丽活泼，她有一副动人的婀娜身姿，任何一个男人看了恐怕都会抵抗不住她发出来的性感诱惑。每次三毛与荷西正在家里吃饭，蜜娜都会在窗户处呼喊荷西的名字，她的理由是要请荷西到他们家去修东西。三毛见状气就不打一处来，她一把按下正要起身的荷西，把面前盘子里的菜倒进荷西碗里一大部分，强迫他吃完饭之后才可以出去。蜜娜见此情况就站在窗前不肯离开，她看荷西一眼，荷西也会回看一眼，三毛就会恶狠狠地瞪着荷西，警告他如此举动的危险性。

在三毛的坚决防卫下，蜜娜终于嫁人了。为了表示庆祝，三毛还送给蜜娜一块布料作为结婚礼物。

还有一次，三毛和荷西计划去抓一些鱼到饭馆卖了赚钱。因为二人都没有经过商，所以谁也不好意思主动去饭馆里推销。既然三毛实在不愿意去，荷西就只好硬着头皮走了进去。三毛在饭馆门口等了好久，也不见荷西出来。三毛心中纳闷，店家要或者不要这些鱼，都应该给一个明确的答复，荷西进去这么久，为什么还没有出来？三毛疑惑着走进了饭店，却远远看到柜台前正有一个打扮十分性感的女人在对荷西上下其手，荷西竟站在那里一动不动。三毛顾不上去看荷西是一副什么表情，她大步走上前，对着那个女人吼道："买不买鱼，500块一斤！"说完，将手中的鱼狠狠地甩在了柜台上，那条滑腻腻的鱼滑出去很远。

三毛这个举动吓到了所有人。荷西刚刚卖鱼时出的价钱是50块，现在三毛却把价钱涨了10倍，即便有荷西那张帅气的脸做担保，女人也一定不会买账的。三毛恶狠狠地看了女人一眼，心说如果她再敢对荷西动手，她就要把价格涨到5000元了。最后，还是荷西先意识到局面的尴尬，他拉着三毛走出了饭店，对她这一场无理取闹只能表示无语。还没有走出多远，三毛又折了回去。等她再出来时，手上竟拿着刚才甩出去的那条鱼。这让荷西又好气又好笑，看来当天的鱼是一条也卖不出去了。

但三毛根本不在乎鱼能不能卖出去，她更在乎荷西是否能够保得住。用几条鱼的价值换回了自己的丈夫，怎么算这都是一笔大赚的买卖。

荷西爱三毛，这是不容置疑的事实。这样的艳遇故事虽然偶有发生，但他们二人谁也没有背叛过这一份爱情。三毛虽然像个泼妇一样把荷西身边所有的蜂蝶都撵走了，但她是在捍卫自己的爱情，这样的故事是值得永恒传颂的。荷西爱三毛的心也从来没有因为其他女人的出现而改变过。一生中得一真爱，不论对谁来说，都是足矣的。

沙漠也有“绿洲”

生活在撒哈拉，最大的困难就是物资的缺乏，很多日常生活用品的价格都高得惊人。曾经习惯于游走在高档咖啡厅或者在百货公司闲逛的三毛，现在不得不收拾起当初对奢侈品的享受，把自己的整个身心都埋在撒哈拉的沙漠中。

三毛甘心去做一个卑微的农妇。她每天都在拼命地劳作，想要使生活更富裕一些，但这样的收效实在太微小了。荷西为了这个家也付出了很多心血，为了多挣钱，他选择在环境艰苦且危险性很高的地方工作，并且每周只能回家一次。荷西不在家的日子里，三毛只能自己照顾饮食起居。很多时候她都不得不冒着50度的高温拎着水箱从灼热的黄沙地里走过，或许她需要徒步拖着空煤气罐到十公里外的小镇上去灌煤气。三毛不记得在撒哈拉的沙漠上流过多少汗水，但这些苦终究还是会被她和荷西的爱融化的。每次经过荷西工作的地方时，她都会驻足张望，远处的井架被热浪扭曲成奇怪的模样，但三毛依旧觉得他能看到荷西正在工作的身影。虽然不能相见，可她知道荷西就在那里，在离自己不远的地方，只要她一声呼唤，爱人就会在第一时间来到身旁。

在旁人看来是艰苦的生活，可在三毛的心中却是充满快乐的。这里没有文明社会中的种种制约，她可以按照自己的想法自由自在地生活。这里虽然荒无人烟、生活条件艰苦，但因为有荷西，因为有远方父母的祝福，即便在休假的日子中也没有娱乐项目可供消遣，没有图书馆和咖啡店，但三毛的心中是满的。在无数个忙完家务的夜晚，三毛都会提前磨好咖啡，等待着相别一周的爱人回家。在三毛的憧憬里，他们这个沙漠之家一定要有金色琉璃的屋顶和挂着彩旗的幔帐，她的家应该是沙漠中最富丽堂皇的宫殿，一旦朝阳升起，他们这里就会闪闪发光。

三毛可以解决自己内心的矛盾，但面对社会中的矛盾，她和荷西都无能为力。当地的土著居民是撒哈拉威人，他们大多数都非常固执，而且思想很封闭，又因为他们固有的宗教信仰，且依靠着游牧为主要生存手段，所以他们大多数和代表着文明的西班牙殖民者之间有着几乎无法调和的矛盾。因为荷西的薪水并不是很高，这是限制他们居住环境的最大的问题，所以即便和撒哈拉威人之间总会发生一些大大小小的矛盾，但他们仍然要居住在这里，无法搬到高档的白人聚居地。

荷西的很多同事都曾劝过他们，希望他们能够尽快离开那一片荒蛮的地方。但在三毛眼中，这些撒哈拉威人虽然总是自以为是，甚至每个人身上都有让人难以忍受的体味，他们还爱贪图小便宜，可这些小毛病并不能阻挡三毛认为这是一个可爱的民族的观点。三毛有一篇文章叫《芳邻》，她在文中这样形容这些邻居们："我的邻居们外表上看去都是极肮脏而邋遢的撒哈拉威人。不清洁的衣着和气味，使人产生一种错觉，以为他们也同时是穷苦而潦倒的一群。事实上，住在附近的每一家人，不但有西国政府的补助金，更有正当的职业，加上他们将屋子租给欧洲人住，再养大批羊群，有些再去镇上开店，收入是十分安稳而可观的。所以本地人常说，没有经济基础的撒哈拉威是不可能住到小镇阿雍来的。我去年初来沙漠的头几个月，因为还没有结婚，所以经常离镇深入大漠中去旅行。每次旅行回来，全身便像被强盗抢过了似的空空如也。沙漠中穷苦的撒哈拉威人连我帐篷的钉都给我拔走，更不要说随身所带的东西了。"

三毛还是容忍了邻居们的粗鲁。一个人是否成熟，在于她能否把自己不满的情绪潜藏起来，面对纷繁复杂的世界，始终保持着微笑。三毛和邻居们的关系开始融洽起来，她总是会把自己的药品和食材分给大家一起享用，这不但让他们饱了口福，而且还减少了病痛带来的折磨。三毛不但成了医生，更成为给当地带来文明的使者，她教会了他们简单的算术，还会帮助他们给远方的亲人写信。三毛像是一个救世主一般，受到了当地大多数人的爱戴。

一个社会人存在的价值，在于他被需要的程度。三毛在这里感受到了自己存在的价值，这是在所谓的文明社会中她最缺失的东西。她从这群荒蛮人们的眼中看到了真诚，这抹光彩就像是沙漠中的绿洲一样，给了三毛无限的生机。在这里，三毛交了很多很要好的朋友，如邻居罕地和他的儿子巴新——他曾是三毛在当地的导游兼翻译，还帮着三毛扛摄影器材；女孩姑卡——尽管她曾经把三毛的家当成是免费的随取随用的超市；年老的罕地——一个曾经帮助她识别毒咒并请巫神施法救了她一命的老人；沙仑和弟弟阿里——他们有一家杂货店，这里是三毛最常光顾的地方；美艳的蜜娜——她曾一度被荷西的帅气吸引，渴望成为他的另一个妻子……他们都是真诚的撒哈拉威人，没有人生来是坏的，只要你以一双善良的眼睛去看他们，他们还给你的，也必将是充满人性魅力的故事。

令三毛非常高兴的是，她已经成功地融入了这个固执的民族中，这让她的生活充满了快乐。爱情和信仰共同构筑了她的生活，三毛用她特有的灵感把这些故事全部记录下来。当笔尖在纸张上沙沙作响时，三毛构筑出来的故事成为她内心最深切而真挚的表达。那本因此而成就的《撒哈拉的故事》，是三毛最令人称赞的作品。人们感叹于她文字下的异域风情，更赞叹她对生活的细腻和对梦想的痴狂。这大概是我们企及一生的力量也无法达到的境界，于是除了给予她更多的赞美，还能做什么呢！

最后的美好

让三毛一直坚持下去的信念只有一个，那就是即便是在再艰苦的环境中，也永远都要保持着生活中的好情绪，保持对心底自由信念的向往。

在撒哈拉的这段时间中，三毛每天都会把大部分的心思花在装饰房间上，有了闲暇时间她就会醉心于研究各种不同的食谱。可沙漠中可供使用的食材实在太少了，三毛只得写信央求远在台湾的母亲每隔一段时间就给自己寄来一些家乡的食材，有粉丝、冬菇、猪肉干……正是在这一份跨越了万水千山的母爱中，三毛和荷西的一日三餐才得到了很好的保障。

在家里，三毛扮演的是创造食物的角色，而荷西则是负责把餐桌上所有的美食风卷残云般消灭掉。

三毛做的第一道菜是粉丝煮鸡汤。荷西不懂中国菜，他除了觉得好吃外，甚至不知道食材有哪些。荷西疑惑地问三毛，三毛却回答说这是用春天下的第一场雨煮成的汤，所以才有这么特别的味道。荷西只是对三毛说的话不完全相信，不过他并不介意，对他来说能一饱口福是比一切都

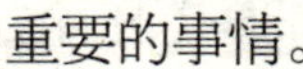

重要的事情。

收到母亲寄来的猪肉干后，嘴馋的三毛瞬间起了私心，她原本是想趁着荷西上班离家后自己偷偷享用的，不想却被眼贼的荷西看到了。他问三毛这是什么，三毛撒谎说是治疗咳嗽用的中药。荷西疑惑地把这些“中药”放到嘴里尝了尝，却再也无法忘记这种味道。第二天三毛起床后，发现荷西偷偷把一大半的“中药”带走送给同事们了。自此之后，凡是尝过荷西给他们带来的“中药”的同事们一见到三毛都会假装咳嗽几声，目的只是想要再骗三毛的猪肉干吃。

三毛对此也不介意，她继续沉醉在研究美食的旅程中。她后来又给荷西做了寿司，可看到米饭是用一层蓝蓝的薄纸包起来后，荷西最开始是拒绝接受这道“美食”的。因为他认为三毛用的这层蓝纸是他在公司常用到的复写纸，这怎么能吃呢！可在三毛的强迫下吃下去第一口后，荷西马上就喜欢上了这种食物的美味。原来，他尝出了这层蓝纸的味道竟然是海苔。荷西在三毛的额头上使劲亲了一下，表示对妻子这番良苦用心的感谢。

百无聊赖之际，三毛又把自己研究美食的过程用文字记录了下来，取名叫《中国饭店》，然后把稿子投给了《联合日报》。1974 年 5 月，《联合日报》航空版上刊登了署名为“三毛”的文章。这是她第一次以“三毛”的笔名来发表文章。拿到刊有自己文章的报纸后，三毛高兴不已，她说：“我接到寄至撒哈拉沙漠的《联合日报》航空版，看见文章登出来，几乎不敢相信自己的眼睛，实在是太快了。我拿了这张报纸就走，那时我和荷西还没有车子，可是我实在是等不及了，手拿报纸就往沙漠一直走，打算走到工地去告诉他，我走到他的交通车会经过的路上，后来，交通车过来了，他看见我就叫司机停车，我向他跑过去，他说：不得了，你已经投中了！我说：是，是，就在这里。那真是很快乐的一天，到现在都不能忘记，十年以后，第一次写文章；在沙漠里，只有一个人可以分享，而这个人是看不懂我的文章的人，可是还很高兴，像孩子一样在沙漠里跳舞。”

这篇文章的发表，彻底激发了三毛进行文学创作的信心，从此她开始了文学创作的第二个高峰。之后，三毛又相继发表了《结婚记》《悬壶济世》《娃娃新娘》《荒山之夜》《沙漠观浴记》《爱的寻求》《芳邻》《素人渔夫》《死果》等文章。1976 年，三毛的这些文章结集成为一本叫《撒哈拉的故事》出版发行，三毛的名字从此在台湾文坛掀起了一股阅读风潮。真正属于三毛的时期终于到来了。

在三毛的故事中，荷西是唯一当仁不让的主角，可真正的荷西却是不太懂得三毛的文字的。他们俩唯一一次在文学上的合作，是一起翻译了一本漫画书，名叫《娃娃看天下》。这本漫画书出版后，在港台地区也得到了很热烈的追捧，三毛由此才发掘了自己译书者的角色。遗憾的是，二人的文学交点也仅仅限于此了。

当时很多读者在阅读了三毛的文字后都会写信给她。

有人问她，为什么在这么艰苦的环境中她还能保持如此乐观的生活态度。三毛却回答说，自己其实并不是一个乐观的人。即便是在充满了自由的撒哈拉沙漠中，三毛性格中的阴郁成分也会时时发作。她总是对自己的生活进行着精心的策划，并且常常充满了不切实际的幻想，所幸有一个爱她的荷西存在，他可以包容三毛所有的任性。正是因为爱情，才让一个脆弱的女人变得坚强。

荷西的性子很倔强，有时候三毛为了实现自己和荷西相反的目的，总是会事先设一个圈套，然后等着倔强的荷西自己慢慢地走进陷阱。有读者写信问她是如何保持爱情中的鲜度的，三毛总结出了一套属于自己的“开放婚姻论”。她和荷西约定，即便两人结婚住在一起了，彼此也还是要保持相对独立的个性，谁也不应该受到对方的约束。荷西成长在西方独立的环境中，他很赞成三毛的这一做法。三毛还有一句名言叫“爱情有若佛的禅——不可说，不可说，一说就是错”，生活中总是会遇到各种各样的磕磕碰碰，两人的爱情需要不断地磨合，只有那些愿意忍让的婚姻，才是可以最后走到底的幸福。三毛为荷西写过很多浪漫的情话，她说：“每想你一次，天上飘落一粒沙，从此形成了撒哈拉。”这样动人的话语，任谁听完都会奋不顾身地爱上爱情。

三毛以为，她的生活就会在这样的平淡中度过，她以为幸福会一直延续到永远。在她看来：“真正的快乐，不是狂喜，亦不是苦痛，它是细水长流，碧海无波，在芸芸众生里做一个普通人，享受生命一刹那的喜悦，那么我们即使不死，也早已在天堂里。”然而撒哈拉的平静却被打破了。当地爆发了民族自决战争，腥风血雨转眼就来。三毛寻找了一生的安稳，终究还是被飘忽不定的政局取代。

人类太渺小了。虽然每个人都在努力地发着光，可除了只能照耀自己和身边的爱人外，这光芒还总是在不经意间被狂乱的风吹熄。可为了燃烧，有些人已经耗尽了全部的灯芯。

第八章

诀别，苦难长存的记忆

宴会上的小奴隶

撒哈拉给三毛留下的记忆是深刻的，但却并不总是快乐的。

曾有一次她被当地一家有钱的财主请到家中吃饭，三毛其实并不想让自己对有钱人做出奉承的姿态，她也不认识这名财主，不知道他为什么要请自己吃饭，况且财主平时也不会主动请人吃饭，只因为财主的堂弟阿里是三毛的朋友，所以她才答应了这次邀请。最初，三毛以为这只是一次普通的宴会，虽然有些不情愿，可一想到能吃到驼峰、驼肝做的烤肉串，三毛不禁又忍受不住美食的诱惑。

财主是一个上了年纪的撒哈拉威人，他长着一双精明的眼睛，他的住宅简直和迷宫一样大，他可以说出一口流利的法语和西班牙语，尽管如此，三毛仍觉得财主的神情中充满了傲慢，这是她最不喜欢的一种性格。虽然三毛对抽着水烟袋的财主不感兴趣，可财主家的女人们却成功吸引了三毛的眼光。她一个人在她们的大房间里转来转去，抚摸着落地的穿衣镜，心想什么时候自己也能有一张如同屋中这样的席梦思床，如果再给自己做一件金丝银线的包身布，三毛想象不到自己是否也会变得如眼前这些女人一般华丽。为了满足小小的虚荣心，她向其中一个女人借了一件水红色的衣服，学着他们的样子蒙上了脸，然后慢慢走回客厅去。

当三毛一出现，所有的男人都惊讶地叫起来。他们以为三毛成了财主的第五位太太，三毛却对男人们的反应不以为然，她只是觉得自己这身打扮很适合房间的情调罢了，所以即便有很多人在起哄，三毛仍然不愿意脱下这身衣服。

在一片喧闹中，宴会的正餐被端了上来。三毛一眼看去，发现一个只有八九岁的小孩子正拎着一个烧红的炭炉子走进来。这个孩子还没有板凳高，他似乎对周边所有大人的指挥都言听计从，这让三毛有些不解。只见他把炉子放在墙角，又回去捧出来一个非常大的银托盘，里面放着银茶壶、银糖盒子、新鲜的薄荷叶、香水以及一个非常小巧精致的炭炉，炭炉上还热着茶水。孩子对所有人行了跪拜礼，然后把银白色的香水瓶向着每个人的头发喷洒香水。三毛知道，这是沙漠中对待客人最贵重的礼节。撒哈拉威人喜欢喷香水，很大一部分原因是香水可以遮住他们的体味。三毛虽然没有体味，不过她也不介意多喷一些香水。

正在她沉醉于享受中时，这个孩子又端来了一个大碗，里面放着切好的骆驼肉。当时，所有的大人都在彼此交谈，没有人注意到孩子如此贴心的服务。只见他先串肉，之后将肉放到火上烤，同时还照管着另一个炭炉上面的茶水，水沸后就开始放薄荷叶，加硬块糖，倒茶叶，他把茶壶举过自己的头顶，茶水却刚好倒入小杯子之中，姿态非常美妙。三毛几乎要被孩子如同艺术一般的动作感染了。她接过孩子递过来的茶水品了一口，只感觉茶香四溢。等肉都烤好了，孩子又把烤肉分到各位客人的盘子里。看着大人们正在大快朵颐，这个瘦小的孩子却只在一边站着，好像在随时等候调遣。

正在这时，突然有一位西班牙太太大叫起来："天啊！这个根本没法吃啊！我要吐了！赶紧拿点汽水来！"三毛看着孩子为了一个陌生女人的无礼行径又忙前忙后，她开始为这些大人们感到羞耻，难道他们不知道照顾一下孩子，反而却要孩子照顾自己吗？

三毛偷偷从人群中退出来，她移动到孩子身边，试图和他交谈。但那孩子仍然只是低头专心做自己的事情，嘴角一直带着微笑，却不回答三毛的任何问题。三毛不忍心再看下去，她干脆自己上手去帮孩子一起烤肉，希望能因此减轻小孩子的负担。让三毛生气的是，那位西班牙太太不但不同情孩子的劳动，而且还在一边大声聒噪着什么，并且还在不停地让孩子给她拿吃拿喝，这简直就是对人的虐待。三毛想要阻止孩子去做这些无聊的事情，却发现当自己这么做的时候，孩子的脸上竟然写满惊恐。

三毛不明所以，她大声地对阿里说，这样的行为对一个小孩子来说是不公平的。没想到阿里同样表现出一副不以为然的样子。他告诉三毛，这个小孩子是这里的奴隶，他们一家人都是财主的奴隶，是必须要世世代代在这里为他们服务的。三毛惊讶地合不拢嘴。“奴隶”，这两个只在历史书中听过的字眼，没想到如今竟然鲜活地出现在自己面前。

事后，三毛通过其他途径才了解到，原来在这片她以为是自由国度的沙漠中，当地人总是会用武力把黑人抓起来，打晕后捆绑到自己的家，然后宣布黑人是自己的奴隶。有些黑人会试着逃跑，财主们就会想方设法把黑人的一家人全部捆绑起来，这样这些奴隶们也就失去了逃走的动力。奴隶被抓来后，就会世世代代都成为财主家的财产，他们会被财主随心所欲地买卖，根本就没有任何人权可言。光是三毛就餐的这位财主家，就有两百多个这样的奴隶，他们大多数都被财主派去为西班牙政府修路，每个月月初财主却要去把他们的工资领回来据为己有。

当三毛知道那个孩子是个奴隶后，她本能地把那身漂亮的衣服脱了下来，她不想和他们成为一类人。尽管宴会后财主亲自送三毛和荷西出了门，三毛却只是礼节性地表达了感谢，再没有和他亲切握手。

当走出去很远，三毛回头一看，发现那个小黑奴正躲在墙角看着自己。三毛跑到他身边，悄悄地把身上的两百块钱塞到他手里，并对他说了一句“谢谢”。三毛知道，也许这些钱根本改变不了什么，但她也只能用这种方式来表达自己的友善了。可恶的撒哈拉，面对它的邪恶，三毛无能为力。

人人皆平等

当得知蓄奴是当地非常普遍的情况后，三毛决定要做点什么。她来到法院找到了当初为自己主持婚礼仪式的老秘书，向他申告了自己对这一问题的看法，并希望能够通过法律途径解决。老秘书无奈地摇了摇头，他告诉三毛，西班牙政府对撒哈拉威人只能采用安抚的措施，法律对此也无能为力。

三毛义愤填膺，却又无可奈何。如果有可能做点什么，三毛随时都愿意为这些奴隶伸出双手。

当天晚些时候，三毛听到有人在敲门，对方只是轻叩三下后就不再敲了。三毛纳闷，在她居住到这里的日子中，从来没有遇见过如此文明的敲门方式。她打开门后，却发现一个自己从来没有见过的中年黑人站在外面。他衣服破烂、头发花白，一见三毛就马上谦卑地弯下了腰。三毛这才发现他并不会说话，嘴里只能发出含糊的声音，大概是因为耳聋而说不出话。通过简单的肢体交流，三毛这才知道，原来这个黑人是财主家的黑人小男孩的父亲，他是来替儿子还回那两百块钱的。三毛执意要他收下，并示意他自己对他儿子的热心服务很感谢。两人推脱很久后，黑人哑奴才勉强把钱收下。他还想说什么，但最终什么也没有表达出来，三毛只是目送着他的身影消失在街角。

每个星期一的早晨三毛都会起大早，她希望每一周都可以目送荷西上班的身影。这一天，三毛起床后看了看时间，才五点一刻。她打开门后，意外地发现门前放着一颗绿油油的生菜。送生菜的人大概是怕沙漠的高温蒸发掉蔬菜中的水分，他还特意在生菜叶子上洒了一些水滴。三毛一直在疑惑，究竟是谁这么有心送来了这样特别的礼物。撒哈拉威的居民们只会把她的家当作免费取东西的地方，却从来没有想过回报过自己。这件事情于是也就成了悬案。

两个月后，三毛的邻居要在天台上加盖一间屋子，他们把空心砖堆放在三毛家门口，然后再从这里吊到天台上。邻居们根本没考虑过这样做是不是影响了三毛进出家门的方便，他们在操作的时候更是把三毛家的白墙壁擦掉很大一块。因为不愿意为这点小事去伤害邻里的感情，所以三毛也没有告诉给荷西。她本想着等邻居家完工后自己再把墙壁粉刷回来，可左等右等不见邻居家开工。三毛一打听才知道，原来他们请了一位做水泥工的奴隶，现在只等和奴隶的主人谈好价钱后就派奴隶来做工。

几天后，这位泥水匠来了。三毛走上天台一瞧，发现竟然是那位哑奴。哑奴见到三毛，脸上露出了非常真切的微笑。他主动弯下腰向三毛打招呼，并打手势问他生菜好吃吗。三毛这才知道那棵生菜是哑奴送来的，不禁心中又升起一丝感激。三毛用力地点点头，表示感谢哑奴的心意。

哑奴用手指了指牙齿，意思是说，像三毛这些外来人如果不多吃蔬菜就会牙龈流血的。三毛笑了，她没有想到奴隶中也有这么细心的人。

连续工作几天后，哑奴已经在天台上垒砌了半人高的墙。当时是撒哈拉最热的日子，每天中午的温度都会超过50度，正常人根本没有办法在这样的温度下生活，更不要提做工了。为了防暑，三毛只得用纸条把窗户糊起来，以防止外面的热浪冲到房间里来。同时她还要用凉水把睡觉用的席子擦一遍，再用毛巾包一块冰放在额头上降温。每到这个时候，她都期望黄昏能赶快降临。可突然有一天，三毛正在屋子里迷迷糊糊地要睡着，她突然想起了正在给邻居打工的哑奴，这样的天气中他会到哪里去呢？三毛冒着热浪来到天台上，发现哑奴正半靠在墙角，他用捡来的一块破草席盖在身上防止太阳的直接照射，可这只不过是杯水车薪，根本不会起到什么实质性作用。

三毛叫哑奴跟自己下去，哑奴却犹豫了。最终，在三毛的极力坚持下，哑奴来到了三毛家里。但他只是站在厨房外的天棚下，任三毛如何请求，他也不踏进三毛的家里。哑奴示意三毛，像他这种身份的人，是不能进到主人家里的。三毛告诉他，在她看来所有人都是平等的。可哑奴依然坚持自己的意见。三毛无奈，只好将他安置在走廊上相对阴凉的地方。三毛又主动给他铺了草席，还从冰箱中拿出一瓶冰冻橘子水给他降温。哑奴谢过三毛后，坐下来拿出一块比石头还要硬的面包吃。三毛知道这是一种磨碎后给山羊吃的面包，她没想到自己的邻居竟然给哑奴吃这种东西。气不过的三毛又从家中拿出一块新鲜软面包、一块干乳酪和一个白水煮蛋，当她把这些东西全都交到哑奴手中请他吃时，哑奴却只是象征性喝了一点儿橘子水，然后继续吃他的干面包。三毛不解，问他为什么。哑奴这才解释道，他是想把这些好吃的拿回家给他的妻子和孩子吃。三毛一见如此，又从家中拿出很多食物，还给哑奴切了半个西瓜，她把这些食物都装在袋子里，希望哑奴能全部带回去。面对三毛的热情，哑奴既开心又羞涩，他一时间竟不知道怎么办才好。

三毛猜到，哑奴是担心主人看到后认为他偷了东西，所以才不敢拿。她指了指太阳，示意哑奴等天黑后再来取，这样就不会被人发现了。哑奴不停地点头，开心地简直要哭出来。三毛最后想了想，又抓了一把荷西最喜欢吃的太妃糖放到了哑奴的食物袋中。

一直到星期天，哑奴的工作仍然没有结束。这时候荷西已经回家了，他本想去天台看一看邻居家的新屋子，不想哑奴看到他后主动走上前和他握手。不同的是，这一次哑奴没有低下身子。三毛高兴地笑了，她知道，在哑奴的心中，她和荷西成了他的朋友，而不是主人。为此，三毛还特意请哑奴在自己家吃了一顿饭。

然而三毛绝对想不到，自己的这一私人行为却被邻居家的孩子看到了，他把三毛请奴隶吃饭的事情告诉给了家里人。这件原本很平常的小事在大人群体中飞快地流传着，人们甚至因此而对三毛夫妇产生了敌意，有人警告他们要远离那些身份卑微的人，还有人当着荷西的面故意对哑奴吐口水。这些行为在三毛看来是如此可怕，她不明白人们为什么要如此对待自己的同类。三毛坚持告诉哑奴自由的重要性，哑奴听到三毛的告诫，他苦笑了一下，用手指了指心脏和天空中的小鸟，意思是说虽然自己的身体受到了主人的限制，但他的心和天空中的鸟儿一样，永远是自由的。

三毛不禁为哑奴的智慧感到惊叹。原来，哪怕是最卑微的人，也永远都保持着对自由的向往。这大概是人类身上最宝贵之处了，可惜那些只懂得作威作福的有钱人永远都到不了这个地方。

他，被卖了！

三毛还记得那天黄昏时分，哑奴邀请她去家里做客。为了表示礼节，三毛还带去很多好吃的东西，她想把这些对自己来说最平常但对哑奴一家来说非常珍贵的食物送给他们。哑奴家住在镇外沙谷的边缘地区，在三毛看来，那根本不是一个家，只不过是一个修修补补好多次的小帐篷，远远看去充满了孤寂和悲凉的味道。

等三毛走到门口，两个光着身子的小孩大概是听到了声音，他们出来瞧了瞧，然后十分高兴地扑到了哑奴的怀抱里。哑奴把他们抱起来时，帐篷中又走出来一个女人。“她大概就是哑奴的妻子吧”，三毛心想，看着这位只穿着一件露出脚的破裙子的女子，三毛此时只感到了自己身上的衣服竟然让人如此尴尬。

哑奴热情地邀请三毛进到帐篷里面。哑奴家中的摆设非常简单，一半地上铺着几片破麻布袋，另一半因为没有东西可以用而只能露着沙地。帐篷外有个汽油桶，里面装着半桶水，这就是哑奴一家人的饮用水了。大概是因为身份的问题，哑奴的妻子甚至不敢直视三毛的脸。为了让气氛活跃起来，哑奴提议要煮茶喝。他急急忙忙地从外面打好水，又翻找出一只旧茶壶。等茶水煮好了，却发现家中根本没有一个像样的杯子给客人用。哑奴脸上露出窘迫的神态，仿佛这是对这位尊贵客人的极大不尊重。三毛挥了挥手，示意哑奴她可以和他们一样，不需要非常特别的杯子，只要水凉一些了就可以喝。三毛的善解人意，让哑奴终于放下心来。

看到哑奴的生活，三毛不禁可怜起来。他们家的大孩子出去给财主做工了，两个小的依偎在哑奴的怀抱里，非常陌生地看着三毛，不明白家中为什么会出现这样一位尊贵的客人。三毛将带来的东西分给他们，只见哑奴把面包转身递给了背对着他们坐的太太，夫妻间的情谊便通过这简单的默契传递了出来。三毛突然觉得，自己刚才升起来的可怜的情绪是不对的，他们只是在生活境遇上不如自己，可二人之间的感情是如此真切，他们一家人团聚在一起的日子也一定是快乐的。

而这种快乐，是不需要任何人去做任何评价的。

告别时，三毛一步三回头。在那一刻，这温馨一家人的生活竟然成为三毛向往的未来。

在之后很长的一段时间中，三毛总是尽可能地去接济哑奴一家。她会给孩子们带一些糖果，也会给哑奴的妻子买一些廉价的布料，过节时三毛还会给他们送去一些炭和肉。哑奴虽然一无所有，但他也在尽一切可能报答着三毛。他会悄悄地把三毛家被山羊踩坏的天棚修补好，趁着夜色帮荷西把车洗干净，三毛不在家时哑奴的妻子还会主动帮她把衣服收好以免被大风吹走。两家之间建立起一种完全没有任何利益关系的纯洁友谊，三毛从来没有想到能和自己真切交往的对象竟然是一个被所有人看不起的奴隶，而不是她身边任何一位满是高傲的邻居。

在彼此交往的这段时间中，荷西和三毛一直在想通过各种办法让哑奴一家获得自由身。其实唯一的且最简单的办法就是用金钱替他们赎身，但这笔费用对三毛夫妇来说太大了，他们无力承担。

突然有一天，沙漠中下起了大雨。三毛和荷西都被雨点打在天棚上的声音吵醒。在沙漠里很少会下这么大的雨，邻居们都跑出来高叫着“神水”。他们忙着用水桶接雨，声称喝了神水可以治疗任何疾病。可三毛和荷西早已经在家里忙得团团转了，他们家简直四处漏雨，眼看着家中的一切都要被淋湿了，哑奴不知道从哪里过来的，他开始帮着

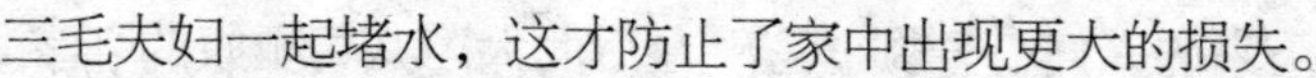

三毛夫妇一起堵水，这才防止了家中出现更大的损失。

当时三毛不会知道，这竟然是她和哑奴的最后一次携手劳作。

两个星期后的一天黄昏，姑卡跑过来使劲敲三毛的门。三毛打开门问她做什么，姑卡激动地对三毛说："快看，哑巴被卖掉了，现在就要离开了。"三毛简直不相信自己听到的事情，他抓着姑卡的身子，使劲摇晃着问："为什么要卖？怎么突然要卖？卖到哪儿？"

原来，这场大雨后，茅里塔尼亚的大地里长出来很多荒草，他们需要一个奴隶去帮忙打理这片田园。恰好哑奴是一个会管羊、会为骆驼接生的奴隶，于是他就被转卖了。当三毛气喘吁吁地跑到财主家时，财主正坐在屋子里数钱，哑奴的手脚已经被绑上了绳子送到了新主人的吉普车上。三毛又转身向吉普车跑去，她大声呼唤着哑奴，哑奴却只是低着头，不再看她一眼。三毛隐隐约约看到，哑奴一直紧咬着发抖的嘴唇，仿佛在使劲控制着情绪。

三毛知道，这笔交易已经被两个有钱人谈妥了，现在她根本没有办法把哑奴救出来。她又匆忙跑回家，把自己仅有的积蓄全部拿出来，又随手带上了一条毯子，她抱着这些东西冲向了吉普车，然后一股脑全都塞到了哑奴的怀中。三毛试图告诉他，一定要保护好自己。哑奴看到三毛和毯子，再也控制不住自己，他突然大哭了起来，跳下车，向着家的方向小碎步跑去。可因为双脚有绳子绑着，他们根本无法迈开腿大步前行，这样的速度和这样的行为只会被追上来的人痛打一顿。三毛在后面大声喊着哑奴的名字，可这样的呼唤早已经失去了任何意义。

三毛只远远看到哑奴在快跑到被称作是“家”的破帐篷时，他迎着风张开了三毛送给他的那条彩色的毯子，手上的绳子已经被扯断，他张开怀抱把妻子和孩子拥在怀中。哑奴嘴巴中呜呜地叫着，然后把毯子裹在妻儿身上，又把三毛给他的钱全部塞到了太太的口袋里。可没有人在乎哑奴一家人的生离死别——除了三毛，几个年轻人跑过去抓住了哑奴，他们强行把他又重新塞到吉普车里面。当吉普车无情地从三毛面前开过时，三毛看到哑奴的脸上写满了悲伤。他望着远方，目光呆滞，眼中再没有一滴泪水。

三毛知道一切都为时已晚了。她拖着沉重的脚步回到家，把所有的门窗都死死关上，不让外面这个无情的世界打扰到自己。三毛迷迷糊糊地沉睡了过去，一直到第二天清晨醒来，她却仍然不得不继续面对这个无情的世界。

信仰的坍塌

在撒哈拉生活的这段时间里，三毛见识了太多充满血的事实，这和她对撒哈拉充满自由的向往完全不同。在来这里之前，三毛只是单纯地以为这里所有的民众都应该拥有如同沙漠一样单纯且广博的心灵，可真正走进后她才发现，还有一些残酷到不忍直视的事情每天都在发生。

突然间三毛觉得，自己能和荷西在这乱世中依然相守，这已经是莫大的幸福了。而世世代代生活在沙漠中的人们，他们的身心都被禁锢着，不论是宗教的束缚，还是不合理的法律的约束，现实套在他们身上的枷锁太多了。终于他们会有无法承受的一天，而这一天的到来，便意味着会有更多的流血和牺牲。

三毛见证了渴望着自由的哑奴却最终被奴隶主反复买卖的冷酷事实，却还要见识年仅 10 岁的小女孩被父母强行嫁人的无奈。

小女孩是三毛的邻居，名叫姑卡。男子可以娶很多个妻子是当地惯行的风俗，所以总有一些贫苦人家会把自己的小女儿嫁给有钱人，希望能从这种不平等的婚姻中获得一些眼前利益，姑卡不幸就成了这样的牺牲品。她瑟缩在一顶乌烟瘴气的帐篷中，看着财主家的女奴们在跳着暧昧的舞蹈庆祝这场婚礼，弱小的姑卡手指紧紧抓着门，试图用最后的力量去抵抗父母把自己当作牲口一样卖给财主。但她瘦弱的身体抵不过四个强壮男人的拖拽。三毛看到姑卡几乎都要把嘴唇咬破了，她脸上那媚俗的妆容早已经被哭花，然而这一切的抵抗都毫无意义。

最终，姑卡的少女贞操在一片混乱中被轻而易举地夺走了。从此之后，她将终身属于一个陌生且苍老的男人，一如这个男人的其他老婆一样，时时都要为这名老公做出假装的欢颜。

三毛想要向人们说明这是一种卑劣的习俗，但她的声音很快就被众人的欢闹声淹没了。姑卡在最后一刻流露出来的怨毒的眼神深深印在三毛的脑海里，这成为三毛在整片撒哈拉中最不忍去回忆的故事。

沙漠是无垠的，但恐怕它永生也不能接受三毛这个黄皮肤的女人，不让她成为他们中的一员。

最让三毛痛心的是，当地人与西班牙人之间有着永远也解不开的仇怨。沙漠给他们的生活带来残酷折磨的同时，却在地下深处掩埋了丰富的黑色黄金——石油。他们不愿意让欧洲殖民者白白掠夺走属于自己的财富，尤其是在摩洛哥人的煽动下，撒哈拉威人想要争取独立的意愿越来越迫切。在那些日子中，三毛几乎每天都能见到人们在街上集会，他们发誓要把掠夺者全部赶走，即便没有得力的武器，这些为家园而战斗的民众还是组成了游击队，他们给西班牙人造成了很大的威胁。三毛不知道该去怎样评价这样的民族情绪，她纵然知道当地人争取民族独立完全是正确的，可她也知道这样的争取必定是以战争为前提的。一旦发生战争，当下平和的生活将不复存在。而荷西和三毛的特殊身份，也常常会使他们陷入相当危险的境地中。

在一次非常偶然的机会中，荷西和三毛救了一位西班牙军人。当时他因为喝醉酒在大街上胡闹，差一点儿被当地仇视西班牙殖民者的撒哈拉威人杀死。

这位军人被救下后，他表示一定要报答三毛和荷西的恩情。但军人对撒哈拉威人是痛恨的，在他得知三毛经常资助当地的穷苦人家时，他情绪激烈地与三毛夫妇发生了争执，他认为他们是在帮助一群廉价的灵魂，并且他发誓从此再也不和他们二人往来了。

三毛为此伤心了好一阵，但她也不愿意为了迎合某个朋友的憎恨而改变自己对邻居们的态度。但事情远非如此简单。因为三毛和荷西对殖民军人的救助，这让很多撒哈拉威人们都认为三毛夫妇和那些殖民者在本质上是一样的，是要来剥削他们的，是来侵占他们的土地和财富的。固执的撒哈拉威人甚至扬言要杀死他们夫妻俩。最开始三毛并未把这件事情放在心上，她以为这只是一时的情绪，事情过后她和邻居们的关系又会和好如初。可等她再次走上大街时，明显能感到人们对她投来不满的目光，这让她浑身感觉不自在。

有一天，三毛和荷西想要到孤儿院去看望一些孩子们。当荷西伸手想要抱起一个小男孩时，男孩不但拒绝了荷西伸过来的双手，他甚至恶狠狠地喊道：“杀掉 Echo、杀掉荷西！”就在这一刻，三毛觉得自己对沙漠的信仰彻底坍塌了。她不敢相信自己的善良会被这些不通情理的人们肆意蹂躏，过去和邻居在一起相处的种种和善画面一瞬间化为过眼云烟，使人再也无法寻回曾经的美好。

不久后的一天，荷西下班回家后告诉给三毛一个十分不幸的消息，有个西班牙人被撒哈拉威人杀害了，尸体被吊在了他白天工作的井架上。

至此三毛才意识到，那场一直在众人口中呼喊着的革命，似乎终于要来了。

三毛想起了曾经救过的那位军人，他之所以这么恨撒哈拉威人，是因为十六年前他所在的军队刚刚进驻这里时，某个晚上他们整个军团都被野蛮的撒哈拉威人杀害了。他因为醉酒而没有及时回到军营，因此才免遭了一场劫难。那群被杀害的西班牙军人中，就包括这名军人的亲弟弟。三毛很能理解军人的仇恨，可是她不明白，为什么这个世界上的人们不能和平相处，却一定要为了利益争夺而掀起腥风血雨。

荷西的同事们已经开始把亲人们送回西班牙了。三毛仍旧不愿意离开，她还对这片沙漠充满着幻想，幻想有一天早晨醒来后大家又都重归于好。但事情不可能重来。这段时间里三毛重病了一场，可她曾经如此善待的邻居们没有一个人来看过她。他们的心中只有一个念头，他们要让西班牙人像狗一样滚出这片土地！三毛和荷西无疑也是他们想要驱赶的对象。

后来，三毛得知，那个仇恨撒哈拉威人的军人，为了救几个撒哈拉威人的孩子而牺牲了自己。如果是在以前，三毛还会为人性中的光辉感动。但是现在，在三毛看来，任何伟大的光芒都遮不住流血牺牲的事实。她祈求的和平，已经变成一场幻梦。

此刻的沙漠已经不适合再继续生存下去。

沙伊达的惨死

在一个漆黑的夜晚，这场蓄谋已久的种族战争终于爆发了。三毛有一篇文章叫《哭泣的骆驼》，是在借助于“骆驼”的象征符号来记录沙漠上的这场战争。她写道：“这不知是一天里的第几次了，我从昏昏沉沉的睡梦中醒来，睁开眼睛，屋内已经一片漆黑，街道上没有人声也没有车声，只听见桌上的闹钟，像每一次醒来时一样，清晰而漠然地走动着。那么，我是醒了，昨天发生的事情，终究不只是一声噩梦。每一次的清醒，记忆就逼着我，像在奔流错乱的镜头面前一般，再一次又一次的去重新经历那场令我当时狂叫出来的惨剧。我闭上了眼睛，巴西里、奥菲鲁阿、沙伊达他们的脸孔，荡漾着似笑非笑的表情，一波又一波的在我面前飘过。我跳了起来，开了灯，看看镜子里的自己，才一天的工夫，已经舌燥唇干，双眼发肿，憔悴不堪了……”

在三毛眼中，这场战争没有谁是胜利者，因为所有的牺牲都是值得哭泣的。那个让她念念不忘的名叫沙伊达的女人，则是这场残酷战争的真正牺牲品。

沙伊达是一位非常漂亮的女子，也是沙漠中为数不多的受过高等教育的女人。沙伊达自幼父母双亡，她曾在医院里做过助产士。因她拥有一副绝世的美貌，所以才引起很多同伴的嫉妒，甚至是仇恨。

三毛深深记得沙伊达第一次在宴会上露出自己的容颜时，在场的所有人都惊住了。但在当地的风俗中，女人在陌生人面前露出面纱下的脸庞是不被允许的。沙伊达是一个很开明的人，她如同所有人一样对宗教保持着神圣的信仰，但她也如同所有的文明者一样并不在乎展示自己年轻的风采。纵然她在宴会上落落大方的表现受到了不少西班牙人的赞许，可她的同胞们却在背后恶意中伤她，认为这是给他们的民族丢脸，是在向西班牙殖民者谄媚。

表面看来，沙伊达是一个未婚的女人。但其实她早已经和当地游击队的领导人巴西里结婚了，他们还有一个可爱的儿子。巴西里是撒哈拉威人们心目中的战斗英雄，是一个让殖民者闻风丧胆的人物。当打走了西班牙人后，巴西里又领导游击队和摩洛哥人作战。因为害怕间谍伤害到亲爱的妻子和儿子，巴西里和沙伊达决定隐瞒他们的婚姻，并把儿子送到了孤儿院寄养。为了丈夫所从事的光辉事业，沙伊达一直在做着伟大而沉默的牺牲。

因为沙伊达家没有丈夫，所以很多当地的男人就对她的美貌垂涎三尺。后来巴西里落入了摩洛哥人的圈套而被杀害，想要霸占沙伊达的流氓阿吉污蔑沙伊达是给摩洛哥人通风报信的叛徒。愤怒的撒哈拉威人将可怜的沙伊达绑起来，进行了民族审问和裁决。最终，沙伊达被判处了死刑。

行刑前，当地几乎所有的男人们都一拥而上，人人都想要强暴她。三毛得知这个消息后，她发了疯一样跑到行刑的广场，希望能把沙伊达救出来。可三毛被一个好心的邻家女孩拦住了，女孩告诉她，如果她现在做出不当的举动，那不但救不了沙伊达，甚至连她自己也会葬身其中。三毛只得眼睁睁地看着那群野蛮的撒哈拉威人撕落沙伊达身上的衣服，看着她如花朵一样的面容在众人面前一点点凋谢，自己却无能为力。

不知怎的，人群中响起一阵枪声，三毛看着人群一哄而散，广场上只留下了两具尸体和一片弹壳。原来，巴西里的弟弟鲁阿为了救出嫂子，他冲进人群用机关枪扫射了这群被欲望淹没了理智的人们。然而鲁阿只是换来了自己生命的终结，可怕的撒哈拉威人乱弹射向了鲁阿。

三毛在这片流血的广场上站了好久，她迟迟不能从刚才的事情中回过神来。沙漠上的风可以带走这里的血腥味道，却永世都带不走人们心中的仇恨。沙伊达死了，英雄的遗孀竟成了众人口中的叛徒。如果人们连仇人是谁都分不清楚时，他们眼中的利益争夺又有几分是值得赞叹和支持的呢？

如果这就是人性，那这里还有什么可留恋的！

别了，撒哈拉！

撒哈拉上爆发的战争让三毛和荷西措手不及。

三毛的邻居们早就没有了往日的悠闲，他们快速地聚集在一起，为了发动一场民族战争而积蓄力量。他们极力想要摆脱西班牙殖民者的统治，甚至把导致自己贫穷的所有原因都归结为西班牙殖民者的掠夺。纵然三毛知道这样的认知是有偏差的，但她又怎么可能有力量去对抗整个民族的愤怒呢。在这样纷乱的世道中，哪怕仅仅是能保住自己的性命，就已经是非常了不起的事情了。

尽管已经看了太多的杀害，三毛还是不忍心就这样离开撒哈拉，荷西也对撒哈拉威人保持着美好的期望。他们公司有一次开会时，有一个西班牙人站在桌子上大声发表着极端殖民主义的言说，满是正义怒火的荷西还因为彼此意见的不同而和对方大打出手。但他们夫妻二人的善意没有得到撒哈拉威人的认可，他们仍旧被冠上了殖民者的恶名。

三毛在家中看着自己曾亲手创造出来的一切，这才发现想要说诀别竟然这么难。镇子上的半数西班牙人都已经离开了这里，原本热闹的小镇现在竟然如死城一般寂静。有一天，荷西回到家中告诉三毛，他在公司外围的建筑上看到满墙的血字，上面写着：“西班牙狗滚出我们的土地——撒哈拉万岁，游击队万岁，巴西里万岁——不要摩洛哥，不要西班牙，民族自决万岁——西班牙强盗！强盗！凶手！——我们爱巴西里！西班牙滚出去。”这让三毛感到恐惧，她产生了一种从来没有感觉到的阴森气息。这种令人窒息的氛围几乎让她晕厥。

也正是在这一刻，三毛彻底清醒了，她知道自己对撒哈拉的美梦已经彻底破碎。这里每天都有人被杀害，如果她再不离开，下一刻被残忍杀害的可能就是她。

1975 年 10 月 17 日，西属撒哈拉问题终于有了裁决：西属撒哈拉，享有民族自决权利。

这份国际决议意味着西班牙人终于被彻底赶出去了。电台中播放着一则令人不安的公告：“摩洛哥国王哈珊，招募志愿军，明日开始，向西属撒哈拉和平进军。”在第二天的统计中，原本只会招募三十万人的志愿军队，最终竟然有两百万人签名。摩洛哥的和平进军结束了西班牙人在这里的殖民，但对撒哈拉威人来说，这也许是另一场灾难的开始。可是他们没有人去在乎这些，没有人会去想象不可预知的未来。对他们来说，赶走西班牙人就是莫大的胜利。

从这一刻开始，镇子上的扩音器没日没夜地在广播着疏散西班牙人的通知。一时间整个镇子开始变得人心四散，三毛所有的朋友都在忙着搬离这个是非之地。一夜之间，小镇变成了空城，连负责治安的警察都不见了踪影。

荷西仍然在公司忙碌着，他要帮助军队整理好需要撤走的军火和其他军事用品。现在他根本顾不上回家去照顾三毛。荷西托朋友给三毛买了离开这里的机票，并告诉她在最短的时间内尽快动身。

三毛已经把所有的物品都打包好了。当夜幕降临，三毛用双重铁链把门拴上，晚上不敢开灯，生怕自己的家成为下一个袭击目标。三毛自己一个人在这个家中度过了最后一个煎熬的晚上。当听着坦克的声音轰隆隆地从街上开过，三毛曾经用心制作的工艺品都因为震动而掉到地上，摔成粉碎。三毛最后一次抚摸着这些工艺品，用心感受着留在它们身上的爱，她想留住在撒哈拉的这段美好时光，希望这一刻的时间就此静止，希望当太阳升起后一切都会归于平静。

三毛走完了在撒哈拉所有的日子，那些快乐和忧伤最后都蒸发在无边无际的沙漠中。

当听到敲门声时，三毛打开门发现是前来接自己去机场的荷西的同事。他忙着帮三毛把行李搬上吉普车，三毛连最后好好看一眼自己屋子的机会也没有，就被催着上车开往了机场。

1975 年 10 月 30 日，三毛登上了离开撒哈拉的飞机，她在沙漠中三年零八个月的故事就此画上了句号。

当飞机越飞越高，三毛看着自己居住的地方渐渐模糊，她心中升起了从未有过的不舍。“别了，亲爱的撒哈拉，亲爱的撒哈拉威人，我会永远记住你们的。”三毛在心里默念着。因为这一别，对三毛来说就是永不再相见。

寄居大加纳利岛

三毛坚信，如果没有荷西，她的日子是再也过不下去了。

当不得不离开撒哈拉的时候，三毛并没有直飞西班牙，她选择了和撒哈拉只有一河之隔的大加纳利岛作为降落地点。这座岛屿像是西大洋中一颗珍珠，它气候温和，物产丰富，宜人的环境为这里聚集了来自世界各地的人们。更有传言说，凡是居住在这座岛屿上的人都会邂逅命中注定的爱情。三毛并无心去想什么传说，她一心只挂念着荷西，那个让她日思夜想的人。

为了帮助更多的人撤离撒哈拉，荷西仍旧和同事们奋战在撤离的第一线。三毛虽然在大加纳利岛上可以保证生命的安全，但她却一心只挂念着荷西的安危。每当她试图和沙漠中的丈夫取得联系后，得到的答案永远都是“快了，快了宝贝”。如果是在平日，这样的回答会让三毛感到特别亲昵。可现在是战争年代，如此简短的答案不足以抵消三毛心中的忧虑，相反只会增加她的担忧。

三毛知道，尚留存在撒哈拉的西班牙人要面对的是骁勇善战的摩洛哥人。在无数个梦中，三毛都会因为看到摩洛哥人将刀架到荷西的脖子上而惊醒。在这样漫长的深夜中，她除了一个人孤寂地听着海浪声外，竟然一点儿能帮得上忙的事情都做不了。这让原本可以放松的日子简直变成了梦魇。

三毛变成了一个神神道道的女巫，她整日都会不由自主地念着一些不知道从哪里学来的咒语，祈祷着荷西能够尽快平安归来。她从来没有像现在一样如此挂念一个人，可荷西是和自己在沙漠中相濡以沫的人，如果能从这份艰难中走出来，上天必定要还给他们永生的幸福。三毛根本顾及不到以后的幸福，现在她只感到恐慌，害怕自己从此之后会变成一个再没有人疼爱的女人，害怕此生再看不到荷西的身影。

为了消解忧愁，三毛开始越来越频繁地抽烟。她每天都在房间里来回踱着步，手中的烟卷从来没有断过。这段时间中，她平均每天要抽三盒烟，睡眠几乎被毁掉了，不吃饭只喝水，瑟缩着身躯撑了足足 14 天，直到第 15 天荷西回来。

当二人再次相遇时，三毛身上早已失去了在沙漠中的活力。她面白如纸，在爱人面前喜极而泣。此刻的拥抱，不足以说明所有的挂念；此刻的拥抱，却是彼此能表达深深爱意的唯一方式。

从撒哈拉逃离，对荷西和三毛来说简直是一场灾难。虽然重逢总是欣喜的，但等待他们的困难还远远没有结束。

为了陪三毛，荷西放弃了自己逐水而居的梦想，义无反顾地选择了撒哈拉。从这场战乱中逃离后，三毛觉得愈加亏欠荷西。所以这一次，她心中早已经拿定主意，她要陪着荷西实现他的梦想。荷西是一名优秀的潜水员，在拥有丰富水资源的大加纳利岛定居下来，对荷西来说看起来是个很不错的选择。而且这里的环境很好，有很多退休的老人都选择来这里养老。三毛喜欢这里的宁静和安逸，她不想再有其他人来打扰自己的生活了。从撒哈拉的惊魂中苏醒后，三毛想要过一份安静的人生。

和荷西商议后，二人决定买下“小瑞典”区域中的一幢西班牙式小屋。在这里居住，只要打开窗户就能看到大海。此处离岛上的繁华区域有二十多公里，因为远离人群，所以显得格外静谧。三毛喜欢这里的海岸线上溅起的白色浪花，喜欢每天都能看到海鸥挥动着自由的翅膀。这里存在的一切，仿佛就是为了等待着三毛那颗漂泊的心可以安定下来。如果能在这里住一生，三毛心想，这是绝好的事情了。

只是这里的房价实在太贵了，三毛和荷西的浪漫情节仍然不足以维持他们的日常开支。在咬牙买下了这栋别墅之后，他们已经身无分文了。

尽管变成了穷人，可二人的梦想却是富有的。三毛在后院有一个用细草秆铺就的凉亭，顺便还捡来了一些树根或木头作为闲憩的工具，桌子则是从海边捡来的废弃船上的压舱盖。三毛再一次充分发挥了拾荒的价值，她正逐渐从撒哈拉的慌乱情绪中走出，开始寄情于对新生活的塑造。

即便是在生活刚刚开始的时候，三毛决定还是必须要给房间里放一个书架。生活中可以缺少任何一个物件，但人生中却不能缺少知识的影响。还有一些旧画架被三毛随意摆放在墙边，文学和艺术，是在荷西之外她最不能丢失的东西。

住在这里，虽然二人的物质生活经常发出报警的信号，但因为精神上得到了极大的满足，他们开始肆意地享受着这里的宁静和安逸。这世上再没有什么事情比平和的生活更美好的了。如果可以，三毛愿意将这样的生活进行到底。

拮据的梦想

为了改变拮据的生活状况，荷西开始极尽各种能事去找工作赚钱。他们的脸上写满了对未来美好日子的憧憬，此刻的艰难却一点儿不会影响到他们生活中的好情趣。住在海边的这段日子中，二人除了每天都会在不同的时间欣赏海景外，还兴起了钓鱼的兴致。三毛不会钓鱼，每次垂竿时，她的瘦弱都不足以支撑住鱼竿的重量。若不是旁边有荷西帮忙，即便能钓到鱼，三毛自己也无法把鱼钓上来。

荷西的存在，让三毛只感觉到满满的安全感。

但这样的美好，最终却还是要向现实低头的。

荷西刚刚找到的工作只做了一个月，他就失业了。虽然荷西有一级潜水资质，但这样的特长在大加纳利岛上并不适用。在连续又找了一个月工作无果后，二人的生活已经走到了揭不开锅的地步。那段时间中，两个人每天只能吃一顿面条充饥，却也只能保证不被饿死。眼看着家中的困境，荷西愁上心头。他自己过什么样的日子都无所谓，但他不忍心三毛也陪着自己一起受苦。而三毛，也保持着同样的心态。这大概就是爱情吧！

在不得已的情况下，三毛写信给蒋经国先生，希望他能在台湾帮荷西找一个适当的工作。但收到回信后，三毛感到很失望。蒋先生回复说，荷西所从事的工作在台湾也不好找。看来，一切还得靠他们自己。

荷西其实心中早就拿定了主意，他想要回到撒哈拉原先的工作岗位上。当时，摩洛哥已经宣布占领了西属撒哈拉地区，那里到处都是游击队和入侵者交锋的阵地，更有一些隐藏的地雷夺走了无数人的生命。很多西班牙的公司都撤离了，唯独两家规模和背景都比较深厚的公司还坚持在当地开矿。但因为战乱已经很难找到工作人员了，所以公司开出了相当高的工资，希望有人愿意重新回到沙漠中工作。面对现实的困境，荷西最终被高倍工资吸引住了。

在极力说服三毛后，荷西重新踏上了那片沙漠。

荷西似乎想要极力证明自己作为一个男人的尊严，他想要尽全力爱护三毛，当他再一次把赚来的大笔的钞票塞到三毛手里时，荷西的脸上绽放出了作为一个丈夫的笑容。然而这并不是三毛想要的。她可以在生活上穷苦一些，却不愿意让感情变成空窗。虽然和在撒哈拉时候一样，仍然一周可以见到荷西一面，但那时候的生活是安宁的，等待也是幸福的。现在不同，战乱让一切都变成未知，今天的分别也许就意味着明天的永别。如果生命都没有了保障，还要这么多的金钱做什么！

三毛整日陷在惶惶不可终日的情绪中，总感觉身边缺少什么。她希望能随时都把荷西抓在手里，但生活不允许他们再继续这般儿女情长。更雪上加霜的是，在一次普通的下午出行时，三毛不幸遭遇了车祸，腿骨骨折。为了这次意外他们花光了刚刚攒下的这笔钱。原本应该静养，可三毛躺在病床上变得更加疑神疑鬼。她担心荷西的安危，也担心万一荷西出现意外后自己以后的生活该如何继续。这样毫无来由的怀疑让她变得更加神经，每一个孤独的夜晚她都会被噩梦压迫到不能呼吸。

在荷西再一次要离开时，三毛紧紧地抓着荷西的手，问他："荷西，如果我死了，你会怎么办？"

荷西轻轻回答说："你死了，我也跟着死。"

眼看着爱人在受折磨，荷西最终做出了妥协。他辞掉了撒哈拉的工作，这也就意味着他们的日常生活将再一次陷入经济危机中。不得已下，三毛重新拿起笔开始耕耘。她为了生存而写作的这段日子成为她创作量最高的时期，几乎是三倍于她在撒哈拉的创作总量。但她的身体实在太差了，长期的失眠、惊恐，下体又止不住出血，生活的艰辛，几乎要磨平他们对美好爱情的一切渴望了。

第九章

生死，天人各一方

老人加里

再贫瘠的日子中，也是要始终抱有对生活的希望。

三毛和荷西刚搬到这个社区时，意外地发现这里居住的都是一些老人。社区的负责人是瑞典人，他告诉他们，因为这里太沉寂了，所以根本不受年轻人的欢迎。而且每当三毛和荷西在社区闲逛时，总会隐隐约约感觉有人躲在窗帘后面观望。毕竟，他们的气场和这里实在太不相符了。

在搬进来很久之后，三毛才知道原来隔壁还住着一位老人。最开始时，三毛只是发现隔壁院子里有很多正在盛开的小菊花，她时不时都会过去采一些带到家中做装饰，却从来没有注意过那些紧闭着的门窗背后的故事。这一天，三毛心血来潮好奇地从窗子外向内张望，却突然看到有一张可怕的老脸正在窗帘后面注视着自己。这可把三毛吓了一大跳，她结结巴巴地道了一声“日安”，然后飞速逃离了这座宅院。

回到家后，惊魂未定三毛却忘不掉这个老人。几天后，在和邻居的聊天中，三毛了解到老人原来是一名瑞典人，名叫加里，他搬到这里已经快两年了，但从来不和任何人来往。三毛的好奇心更重了，她每天都会看着那片开满菊花的院子，想象着屋子中那个老人布满皱纹的脸。三毛觉得，也许趁老人出来晒太阳的时候她可以主动过去道歉。可是她这个小心愿却没有实现的机会，老人从早到晚都待在那所死寂的房子中，从来没有在外面露过面。

三毛决定给老人加里送饭菜过去。她敲开了老人的门，又意外地发现老人是一个跛脚。更出乎三毛意料的是，老人房间里堆满了空罐头盒，原来他一直在靠吃罐头过日子。不仅如此，老人似乎从来不打扫房间，整间屋子都散发着令人作呕的气味，他的脏衣服都变成了深灰色，整面墙都是黑漆漆的。可真正引起三毛注意的是，老人床头放着的一张照片，照片上是一对夫妇和一个五岁的小男孩，他们脸上盛开的笑容和老人的生活现状完全不相符。

在和老人聊天的过程中，三毛发现他并不是一个闭塞的人，只是因为生活的困境而导致他不得不选择这种生活方式。三毛和荷西主动承担起照顾老人的任务，最开始他们认为这项工作只不过是帮老人做饭和打扫卫生，可在荷西发现加里的右脚已经烂掉两根脚趾之后，他们才意识到问题的严重性。

加里整只脚都已经变成了黑紫色，水肿非常严重。三毛蹲下身将老人的裤管卷起，发现烂掉的肉已经蔓延到膝盖部位了。三毛打了个寒战，她和荷西很快商议决定必须要送加里去医院。三毛问加里，是不是需要通知他的家人。加里沉默了，眼眶中溢出了泪水。他告诉三毛，自己的妻子早就去世了，儿子和儿媳把他一个老人扔在这座荒岛上独自过活，他们从来不来看他，除了每个月都会到账的养老金外，加里在这个世界上再没有一个朋友。

听完老人的叙述，三毛觉得或许社区负责人能帮忙请整个社区的人们一起来献爱心，帮助加里渡过难关。但这一建议虽然得到了负责人的热心回应，却得不到邻居们的主动帮忙。左邻右舍都开始有意躲避着三毛，生怕她会找上门来。

第二天，三毛和荷西再去看望加里时，老人正躺在床上，手里紧紧捏着一些钱和自己的护照。加里看到三毛进来后，他把手中的钱摇了摇，示意三毛他并不缺钱，只是金钱买不来任何人的照顾之情。三毛叹了口气，决定马上带老人去医院。

荷西试图抱起瘦弱的加里，结果一不小心将加里受伤的那只脚在床角上撞了一下，脓血流了满地，臭味很快在房间里弥漫开来。尽管如此，加里口中却一直对荷西说着“谢谢”。后来医生告诉三毛，他们必须马上为加里截肢，否则坏死的细胞就会要了他的命。三毛把这个不幸中的万幸的消息告诉给加里，加里却只想早点死去。他断断续续地对三毛说：“我……太太没有……孩子，不要我，让我死……让我死。”

原来，生活可以把一个人击垮到想死都不能自己做主的地步。三毛突然想到自己和荷西的生活现状，不知道未来有一天他们会不会走上老人今天的路。如果真的有那么一天，三毛大概也会做出求死的选择。当你失去一切权利后，死，大概是唯一可以决定的事情吧。

不过此时三毛当然不会同意加里的要求，可固执的加里坚持自己的主张，他索性闭口不言，以此来表示他的不可改变。最终，还是荷西说服了加里做截肢手术。

手术第二天，两人来到医院看望老人。还没有进房门，一股恶臭便扑面而来。三毛看到床单的脓血都已经干了，手术处还正在往外滴着血。很显然，加里正在遭受巨大的痛苦。荷西唤来了医生，没想到所有的医护人员都是一副恶劣态度。这让三毛很是厌恶，她在心中深深祈祷着加里赶快好起来，她会带他逃离这个地方，和他一起去看满院子的菊花盛放。

三毛一直寝食难安，仿佛是她造就了加里如今的现状一样。在加里住院的这段时间里，三毛总会到他的房间里帮忙打扫卫生，她希望加里回到家的第一眼便能感受到家的温馨。

三毛和荷西决定为加里买一个电轮椅。尽管他们的生活并不宽裕，但他们都愿意为老人做出这项付出。这天晚上他们又来到医院，三毛惊喜地发现加里的精神似乎好了一些，他能准确地叫出三毛和荷西的名字。加里偷偷告诉三毛，医生说他明天就可以回家了。当听到这句话，三毛激动地快要落下眼泪了。

第二天一大早，三毛又帮加里的家中换上了新床单，屋子里喷洒了花露水，所有的家具被重新摆放整齐。三毛特意从院子里摘了一束菊花放在桌子上，这是加里最喜欢的花。一直折腾到中午十二点，荷西和三毛才来到医院。他们小心翼翼地推开病房的门，想要给加里一个惊喜，却发现原本杂乱的病房竟然变得整整齐齐，床铺已经换上新的床罩。正在两人疑惑时，护士走来告诉他们，加里在今天早晨去世了，他的遗体已经被送到了殡仪馆。

三毛几乎不敢相信自己听到的事实。窗外的阳光正灿烂，海面上吹着温柔的风，大街上不时走过一些谈笑的男女，这个世界正在努力展现出美丽动人的一面，为什么偏偏要在这个时候让三毛最在乎的人离她而去？

三毛想要哭出来，却发现眼中早已经没有了泪水。生活给她开的玩笑太多了，这只不过是又一次的不欢而散罢了。

夕阳之爱

三毛本想在这座与世隔绝的小岛上过着属于自己的安静日子，她不计划和任何一位邻居打交道，除非是必要性质的，否则她宁可自己在家看着海面上驶过的船，静静地完成自己的文字嗜好。但生活是很奇怪的，往往你越不想要的东西，却总是会给你一场莫大的意外。

荷西去沙漠工作的时间中，三毛每天都有很好的时间规划，她每天早晨会开车去镇上开信箱、领钱、寄信、买菜、看医生……每当她开车驶在那条唯一的公路时，总会遇到一些正准备出去或者回来的步行老人。三毛忍不住要停下来载他们一程，但她从来不和老人们多谈，更不想告诉他们自己的住处。三毛害怕有人过来打扰自己的清静。她正在享受隐逸的生活，并且从心底觉得这些老人在这里无异于等待死亡的来临。在他们身上，三毛只看到死气沉沉，这绝对不会是自己想要的生活。

但之后发生的一件事，完全改变了三毛的看法。

这天中午三毛正坐在窗前发呆，不觉间看到那名“清道夫”又出现了。他推着一辆小垃圾车，光着上身，甚至都没有穿鞋。听人说，这个老人最大的嗜好就是做一名“清道夫”，他每天都会把街道上的垃圾捡走，风雨无阻。更关键的是，他并不是社区雇来的保洁员，而是完全自愿的义务行为。这让三毛心生好奇。百无聊赖中，她决定一探这名老人的究竟。

三毛悄悄地从另一面开始捡垃圾，直到两人快碰头时，三毛假装不经意地发现了老人，然后微笑着抬起头，用德语问老人：“您满意了吧？”老人似乎是在听到三毛的问话后才发现了她。他直了直身子，表情严肃，并没做出回答。三毛又追问了很多问题，可老人一直默不作声。这可真正激起了三毛打破砂锅问到底的精神。在接下来的一个星期中，三毛每天都会跟在老人身边和他一起捡垃圾。有时候她还会故意把树上要落下的花朵使劲摇晃下来，好让老人提前打扫干净。三毛本以为老人会生气，却发现老人从来没有因为自己的捣蛋行为而发出过半点儿怨言。待她再回头去看整洁如新的街道时，三毛突然明白了老人这么做的意义。也许他打扫的不仅仅是街道，更是自己荒芜的内心，和值得倍加珍重的人生。

三毛觉得自己之前对这些老人的看法可能是偏颇的，那只不过是戴着有色眼镜观察到的结果。

这一天，三毛在公共汽车站载了一对买菜回来的老夫妇，在老人下车时，三毛随口说道："我住在下面一条街，十八号，也就是你们阳台下面，有什么事的话可以过来叫我，我有车。"刚说完这句话她就开始后悔了。三毛不知道自己哪里中了邪，竟然会把住址告诉给这对陌生的夫妇。她急忙补充说："当然，我指的是遇到很紧急的事可以来叫我。"

老人听完却笑了，反问她："你的意思是我突发心脏病就去叫你，是吗？"

其实三毛当真就是这个意思，可她又怎么好意思承认呢！

没想到一个星期后，老夫妇真的找上门来了。三毛开门后直接奔向车库的方向，不用问，他们肯定是来借车的。没想到老人叫住了三毛，告诉她他们只是来邀请她一起去海边散步的。和这一对加起来都快 180 岁的老夫妇去散步，三毛觉得这简直是玩笑话。

“好，我去一次，但是我走路很快的哦！”三毛的言语中带着骄傲。

三个小时后，三毛围着老妇人的围巾，身上穿着老人的毛衣，累得气喘吁吁地出现在家门口。她本想凭年纪上的优势狠狠嘲笑一下这些不自量力的老人，不想自己却变成了被嘲笑的对象。

还有一次，三毛发现自家后院中的萝卜总也长不大，她愁苦的样子却被正在刷栅栏的邻居看到了。邻居邀请她去自己家参观，三毛在对方家的后院里竟发现了一片姹紫嫣红的天地。三毛狐疑地又看了看自家的院子，明明是同样的地，为什么却有这么大的差别？三毛狡辩说：“我完全是按照书上说的做的，可它们就是不肯长。”邻居却慷慨地说：“光看书是不行的，我来替你医。”

两个月后，邻居成功地在三毛的后院里种出了漂亮的洋海棠。三毛欣喜之余，便和这位老人聊了起来。原来，老人曾是一位银行家，退休后和太太一起搬到小岛上来休养。去年冬天，太太过世了，但老人宁可一个人住，也不愿意搬回去和孩子们住在一起。他说，只有让自己有事情可做，才不会觉得像是一个等死的人。

后来，三毛又认识了艾力克，他经常免费给别人家修补家具。有一天三毛想修车库门，正好木匠不在家，邻居就介绍她去找艾力克。艾力克已经 74 岁了，可做起活来一点儿都不显老。完工后，他邀请三毛晚上去参加他们的音乐会。三毛爽快地答应了。

那晚在艾力克家的天台上，三毛遇到了很多平日自己载过的老人，他们都抱着自己擅长的乐器在开心地表演。还有很多老人在放声歌唱，余下的人们则会尽情舞动着自己并不协调的身体。虽然这不是一场专业音乐会，可三毛却深深地被感动了。原来生活可以是充满激情的，而不是非要一天天等着死亡的到来。

三毛后来说，在那天晚上的月光下，她想到了生死的问题。她想质问上帝，他为什么要把这些可爱的老人们一个个都收回去。如果可以，三毛希望能给他们永生的权利，希望他们永远都不要离开这个世界。

接下来，发生了一件更让三毛感到惊讶的事情。

三毛因为想要锯一截海边拾来的漂流木，她敲响了艾力克的房门想要借锯子用，没想到开门的竟然是寡妇安妮。见是三毛，安妮显得很高兴，她说她正有好消息要告诉三毛。三毛打量着穿着泳装的安妮，示意她现在就可以讲。安妮兴奋地说，她决定和艾力克同居了。三毛突然想起在那天晚上的音乐会上，艾力克一直在邀请安妮跳舞，原来从那时候开始他就在追求她了。

安妮把三毛邀请到房间喝咖啡，艾力克正沉醉在乐器演奏中，安妮边煮咖啡边和三毛聊了起来。她希望三毛赞成他们的做法，三毛回答说“你们怎么做别人都没有话语权”，这句话让安妮倍感鼓舞。但安妮似乎还在极力解释，她说她和艾力克不能结婚，否则她就不能领取前夫的养老

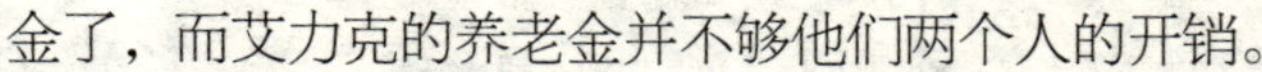

金了，而艾力克的养老金并不够他们两个人的开销。

三毛打断了安妮，说："你不用对我解释，安妮，我并非古板的人。"

艾力克一曲演奏完，起身去房间找工具。三毛发现客厅中艾力克的那张全家福中已经出现了安妮的身影，而艾力克前妻的照片仍旧放在原处，这让三毛很疑惑。

安妮猜到了三毛的想法，她主动说道："我们都有过去，我们同样怀念着过去的那一半。但是人要活下去，必须继续寻找幸福，这并不代表否定过去的爱情……"

三毛点点头，说："我明白，你要说的是人的每个过程都应该是充实的，不该空白，你的做法很自然的。安妮，不用对我作过多的解释，我了解。"

三毛再来还工具的时候天已经快黑了。她远远地看到艾力克家中亮起了灯，安妮正在厨房中放声歌唱，歌声中充满了爱情的快乐。

原来，爱情是不分年纪的；对生活的热爱，也是不论老幼的。三毛细数着荷西下次回家的日子，她迫不及待地要和他分享自己对生命的热爱。正是这些老人，让三毛终于坚定地相信，只要勇敢地走下去，属于自己的美好人生一定不会很遥远。

再回台湾

三毛在写作上的努力，终于换来了资金上的价值。这可以让她自由应付日常生活中的开支，只是尚无节余。但随之而来的，是三毛越来越差的身体。这让荷西很懊恼。他总是责怪自己，怪自己不能给三毛带来安稳的生活。三毛的身体越来越差，妇科疾病导致她下体出血严重，为了缓解症状三毛不得不以平躺的方式来抑制血液的流出。可即便盖上了厚被子，她也总是感觉身体发冷。很多时候三毛都觉得自己快要死了，她甚至怀疑自己是不是被人下了蛊术。三毛仍旧拒绝去医院治疗，因为这会花掉他们并不富足的生活开支。

生病的人，对生活的态度也总会变得缠绵。三毛整天都想要黏着荷西，在收到台湾亲人的来信时又会不自觉地泪如雨下。荷西觉得，或许应该把三毛送回到台湾，只有安稳的生活才能让三毛的身体恢复过来。三毛答应了荷西的建议，但她有一个条件——荷西必须要和自己一起回台湾。

但荷西却拒绝了三毛的要求。虽然他还从来没有见过远在大洋彼岸的岳父母，但身为一个男人，他觉得跟着三毛回去就等于是在厚着脸皮去蹭吃蹭喝。如果这样做，那他作为一个男人的自尊就等于被踩到了最低点。在这个问题上，荷西和三毛谁也不肯让步。没有荷西，三毛绝对不愿意走。于是，他们二人之间终于爆发了婚后的第一次吵架。

争吵之后，三毛独自买了飞回台湾的机票。

荷西把三毛送到了机场。三毛一直阴沉着脸，她希望荷西能在最后时刻改变主意，可直到飞机离开了地面，荷西所在的城市变得越来越模糊，三毛也没有等来荷西温柔的歉意。在飞回家的飞机上，三毛泪如泉涌。

也许这一别，就是永远。

但三毛还来不及去伤感，台湾的书迷们就把她包围了。下飞机后，三毛惊讶于从四面八方涌过来的鲜花和闪光灯，她不知道自己在台湾已经成为众多读者心中的女神。在这些读者眼中，三毛是一个奇女子，是一个用身体和心灵在追求自由的人。世上没有几个人能做到三毛这般随心而行，他们在三毛的文字中得到了自己无法亲身实践的灵魂释放。他们崇拜她，每个人都希望自己变成另一个三毛。当这一位眼神流着淡淡忧伤的、梳着两根粗麻花辫的女人出现在众人面前时，仿佛那些终生追求的梦想都已经触手可及。

三毛离开台湾已经有十年的时间了，她没想过自己凭借一本《撒哈拉的故事》可以倾倒万千读者，三毛这个名字也已成为台湾人最熟悉的写作人。可如此慌乱的热情无法弥补三毛心中的惊慌，她焦躁地搜寻着前来接机的家人的身影，试图让这颗飘荡已久的心尽快寻找到落地的愿景。

更让三毛想不到的是，她凭借着文字的力量不仅打动了数以万计的读者，更打动了一位文坛泰斗。在一次宴会上，三毛偶然间结识了徐訏老先生。三毛生平读的第一本国内长篇小说就是徐訏先生的作品——《风萧萧》。两人虽是初遇，可老先生毫不吝啬地表达了对三毛的喜欢，并表示想要收三毛做干女儿。三毛也是一个性格爽快的人，她当即给徐訏先生行礼，自此结下了一段忘年交的佳话。

另一件让三毛觉得欣慰的事情是，纠缠她多年的妇科病终于在中医的治疗下有了起色。当时在去医院检查后，西医诊断三毛患上的是子宫内膜异位导致的卵巢癌。三毛拒绝了西医提出的疗法，转而把希望投在中医身上。台北的朱士宗医师仅用了六十粒中药丸就治好了三毛的病，这更让三毛觉得此行是大有收获的。

除此之外，因为已经名声在外，三毛每日都会收到各种宴会邀请。当她不得不去赴宴的时候，却又无法忍受这些灯红酒绿下的男男女女对食物的浪费。她想起了和荷西一起在大加纳利岛上挨饿的日子，又不知道荷西目前过着什么样的生活。三毛一次次在心中渴求着，希望荷西能尽快来台湾。只要踏上这片土地，他们就可以真正开始平静的生活了。

真正的现实是，此时荷西的日子过得并不好。

为了找回男人的尊严，为了努力为三毛营建一个舒适的家，荷西早已经远赴尼日利亚去工作了。虽然他也期盼着能和三毛尽快聚首，但他却执意选择了这样一种决绝的方式。荷西单纯地以为，只要足够努力，一切煎熬都会过去的。可他在尼日利亚却遇到了一个狡诈的老板，他不但被克扣薪水，更被扣下护照。荷西甚至不懂得如何去保护自己的正当权益，他只知道在烈日下埋头苦干，希望能以诚心的劳动换取老板的良心反省。在短短一个月的时间里，他就瘦下了十斤。

通过书信三毛得知了荷西的境遇后，她不顾一切地买了机票前往尼日利亚，亲自和荷西的老板针锋相对地交涉，最终讨回了几千美元的工资。

此刻的三毛，已经走出了在撒哈拉和大加纳利岛上时的孱弱。她不忍心再让荷西一人承担整个家庭的重量，写作成为她最大的收入来源。随着笔下的文字被一本本印刷成册，三毛的稿费也越来越丰厚。之后，荷西在丹娜丽芙岛找到了一份稳定的新工作，二人的生活似乎终于走上了正轨。

上帝有座“伊甸园”

荷西的工作任务是营造一片海边景观工程，也就是去建造一处人工海滩作为旅游景点。这份工作的收入很稳定，但金钱的收益无法解决三毛对丈夫的想念。为了解决这个难题，最终他们又在丹娜丽芙岛上安置了一处新家。

丹娜丽芙岛比大加纳利岛更富有生机。来这里居住的都是各国的年轻人，他们比大加纳利岛上的老人们更加活泼，而且这里的阳光也充足不少。因为岛屿环绕着西班牙境内最高的山峰，所以经常可以看到山顶积雪与半山腰的繁茂植被交相辉映的美景，这让三毛感觉心旷神怡。

三毛因此又升起了绘画的冲动。她想要用画笔描述大海的波涛，记录夏日的清凉，想将内心的幸福全部讲述出来给大家听。每日晚间，三毛在关上门窗后，总是会把脸埋进荷西的大胡子中，在他的嘴唇上温柔地亲吻着。荷西不解三毛为何这样腻人，但他却乐意享受在这般爱情之中。他捧着三毛的脸，注视着她的目光，两人间的脉脉温情足以融化世界上一切的不幸和痛苦。

在这段时期，三毛在一块石头上曾作了一幅表达爱情的画作。她画了一棵结着红色果子的树，有七只白色小鸟在绕着树枝飞翔，两个裸体的人正坐在树荫深处仰望天空，空中有一梭淡淡的弯月，偏偏还有雨点洒在树梢。荷西看后，完全被画中神秘的气氛吸引了，他用粗麻绳圈成一个小托盘把这块石头托了起来，然后又找了一个储物箱将石画放进去。他担心颜料会被空气挥发，而三毛则在抚摸着荷西的头，为他的有心而感动。

在丹娜丽芙岛上的惬意生活，彻底打开了三毛心中绘画的天堂。她可以将身边的任何一个物件都变成艺术创作的材料，很快这里的小房子就变成了二人的伊甸园。荷西的工资大涨，三毛也能收到不少的稿费，在不再为经济苦恼的这一年中，二人过上了最甜蜜的日子。

当时，有很多商贩都来丹娜丽芙岛寻找商机。他们来自不同的国度，也给这座小岛带来了不同的民族风情，这里变得越来越热闹，三毛也在这里结识下很多忠实的好朋友。三毛在《相逢何必曾相识》中写过一个日本朋友，他如此彬彬有礼，三毛还曾在他破产的时候慷慨地解囊相助。同时三毛还在《稻草人日记》中记录过一个可恶的卖花老太太，她总是装作穷酸的模样，利用人们的可怜来推销没有根的盆景，还曾经四次骗过三毛的钱财。但三毛并没有因为这些事情苦恼，她只醉心在美好的生活中，所有的快乐和不幸都只不过是生活的调味剂，甜过苦过，转身就忘记了。

唯一让三毛觉得不舒服的，就是岛上的一种红色植物。这些植物在山间一丛一丛地冒出来，不但形状怪异，而且整体都散发着陈旧的暗红血色。这让三毛想起了自己幼年时看到的宰羊场景，羊的身体下出现了大片血迹，幼年的三毛只会好奇，历经了世事的她现在却觉得害怕。三毛一看到这种色彩，仿佛就感觉到了生命的流逝。三毛隐约间觉得这似乎是某种隐晦的暗号，冥冥中在提醒着她一些即将要发生事情。

三毛记得有一个和荷西去逛店铺的时候，曾不舍得买下一个头上扎着麻花辫的划船女娃的模型。谁知几天后，三毛正准备烤东西，拉开烤箱竟然看到那天舍不得买下的女娃正躺在自己面前。小女孩划的船上刻着几个字，“一九七八，Echo”，这是荷西悄悄送给三毛的礼物。三毛非常开心，她决定做一个大大的蛋糕来配合荷西的这个礼物。荷西回到家后，面对蛋糕，高兴地说：“不得了，这艘小船钓上来一条好大的甜鱼，里面还存着新鲜奶油呢！”

但这样的幸福生活也并没有持续多久。当年年底，荷西的工作任务结束了，两人坐在堤岸边开心地欣赏了一场烟火表演。新年如期到来，午夜的钟声响起，荷西拉着三毛许下新年愿望。三毛闭上眼睛，嘴中念念有词地说道：“但愿人长久，但愿人长久，但愿人长久……”

新年后不久，荷西收到一封电报，内容是通知他去新的工作地点——拉芭马岛。这虽然是一则喜悦的消息，但三毛却不愿意荷西离开。她想劝说荷西不要去，他们就在丹娜丽芙岛上住下就好，可荷西没有体会到三毛的情绪，他心中已经做了前往赴任的决定。

三毛帮荷西收拾好了行李后，最后决定要跟着他一起去拉芭马岛。

飞机在拉芭马岛着陆后，映入三毛眼帘的是两座散发着阴郁蓝色的大火山。三毛突然嘟囔了一句“这座岛有些不对劲”。荷西只是把这句话当成了妻子的碎碎念，他整个人还沉浸在面对新工作的喜悦中。可三毛只感觉到一种快要窒息的紧张，她突然想起了一年前到这里游玩时发生的一件事情。当时这里看起来到处都是肥沃的油绿色，但他们却遇到了一个女巫，女巫毫无征兆地拔了三毛一根头发，又使劲拔了荷西一根胡须，之后胡言乱语地走开了。虽然并无大碍，但三毛心底一直觉得这是某种不祥的预兆。而现在，三毛对这座岛已经完全没有了好印象。

荷西将三毛安顿好后就起身赴任了。虽然小岛很安宁，可三毛心中却无法得到片刻的宁静。她请求荷西，在完成第一期工程后就跟着她回去。荷西终于答应了三毛的请求。

三毛心中的那份不安定的感觉越来越明显，她开始倍加珍惜和荷西在一起的时光。每天买完蔬菜水果后，三毛都会骑车直奔荷西工作的码头，等助手给正在水下工作的荷西发出信号后，荷西一浮出水面，三毛就会把早就准备好的水果和点心喂给荷西吃。他们二人在众人面前肆意地享受着片刻的浪漫，丝毫不会顾及他人的眼光。

荷西再次下水后，三毛会在地面上望着海面发呆，很久都回不过神来。

荷西也受到了三毛情绪的感染，他也变得片刻都离不开三毛。即便工作间隙只有一两个小时的休息时间，他也会脱下潜水服跑回家去看看三毛。如果恰巧三毛不在家，荷西就会在街边的店铺挨个去寻找三毛的身影。曾有一次三毛因为身体不适而没有去给荷西送水果，等得焦急的荷西急匆匆地赶回家，想要看看三毛是不是发生了什么意外。三毛强撑着身体坐了起来，她抚摸着荷西焦急的脸庞，对他说："如果我死了，你一定答应我再娶个温柔的女子，听到没？"荷西一改温柔的脸色，是真的生了气，他回答说："你最近不正常，不和你讲话，如果你死了，我一把火将家烧掉，之后上船去漂到老死。"

此生再分不开的恋人，试图用彼此间的誓言作为维系爱情的唯一绳索。但在生命面前，任何的束缚都是脆弱的。他们任性地享受着在一起时的甜言蜜语，希望能把在一起的点滴时光都变成记忆中的最美好。三毛和荷西，早已经成了彼此灵魂中最不可缺少的部分。

突然诀别

三毛用尽了一切办法去寻找内心中的宁静，却想不到诅咒已经近在身边。

有一天三毛接到了一本杂志的约稿，主题是"假如你只有三个月可活，你要怎么办？”三毛看到这个题目，心中竟然莫名地悲伤起来。她觉得这像是有人在给自己倒数生命一样，世上还有太多她想要去做还没有来得及行动的事情，她还有那么多的爱没有付给荷西，三毛怎么舍得和这个世界说诀别呢！

荷西感觉到了三毛的情绪，他问她发生了什么，三毛将事情的原委说给他听，荷西却对三毛说：“我们会一直在一起的，一直到很老很老，两个人都走不动了就相互搀扶，穿上干净的衣服一起躺着床上，闭上眼睛说：好吧！一起去吧！”三毛被荷西的话语打动了，她眼中泛着泪光，轻声回答着荷西说：“傻瓜！我不肯死，我还要给你做饺子呢。”说完这句话，三毛一转身，泪水再也止不住流了下来。

在之后的日子中，三毛越来越难以控制自己的情绪。她内心深处总是会升起对死亡的恐惧，而且三毛认定自己一定是要提前离开的那个人。她没有接下这份约稿，是因为她不想在荷西的怀抱中去考虑离开后的境遇。三毛开始整晚整晚地做噩梦，并且每天都是同一个梦境。在梦中三毛只感觉自己站在一个漩涡的中央，周边有一股隐形的力量在试图吞噬自己。身边出现了很多熟悉的人，有父母、姐姐、弟弟……三毛使劲寻找荷西的身影，寻找着她最不能失去的人，却在每一个梦中都是徒劳无功。有个诡异的声音突然响起，“他们是来送你的，你要上路了。”三毛被拖进了无边的黑暗中，随之又上了一列不知道开往何处的火车。当轰鸣声响起，列车开始缓缓前进时，三毛看到从远处跑过来一个红衣女子。她大声向女子求救，却发现女子突然停下脚步。女子大声地回复三毛："再见了，要乖乖的。"在这一刹那，三毛感觉所有生的希望都破灭了。她从梦中惊醒，一遍遍地问自己为什么荷西没有在梦里出现，没有伸出手留下自己。她慌张地看向正躺在身边熟睡的荷西，然后把自己的身体使劲向荷西身边挪动了一下，只有感觉到荷西的鼻息，她才会重新找回安全感。

当荷西睁开惺忪的睡眼和三毛四目相对时，三毛极力掩饰着朦胧的泪眼，对荷西说："荷西，我爱你。"荷西一把将三毛拥入怀中，笑了一下，说道："我早就爱上你了。"

三毛认为，这样的梦境一定是在预示着自己生命的终结。尽管不愿意离开荷西，但三毛对生死的事情也早已经看淡了。三毛生日这天，荷西送给她一只老式的罗马手表，他对三毛说："以后的每分每秒你都不能忘记我，让这只表替你数。"谁也没有想到，这句话竟然成为这世上最不吉祥的预言。

那一年的秋天，陈嗣庆夫妇来到欧洲旅游，并决定到岛上来看看三毛夫妇。第一次见岳父母的荷西非常紧张，他甚至无法开口叫出"爸爸、妈妈"。在他们的文化中，永远只需要叫"陈先生、陈太太"，永远不会用到如此中式的称呼。

但突然有一天，三毛意外地听到了荷西和父亲的一段对话。荷西说道："爸爸，你叫 Echo 准许我买摩托车好不好，我一直都想骑摩托，可 Echo 说必须经过她的批准。”她亲耳听到了从荷西口中说出的“爸爸”，这让三毛感动不已，这意味着荷西对三毛的爱已经胜过了对自己文化的坚持。

在陈嗣庆夫妇拜访的这段日子中，荷西经常带着他们在岛上四处观光。陈嗣庆喜欢这个老实又善良的女婿，他也认为只有荷西才能和三毛进行一场灵魂上的交流。他们二人之间有太多相似的地方，只有两人在一起，才能把最平凡普通的日子过得丰富有趣。

一个月后，陈嗣庆夫妇决定回台湾，三毛计划和父母同行。荷西开心地将三个人送到机场，一路上彼此都在谈笑风生。这短暂的分别再不会成为他们两人爱情的阻隔。当三毛上飞机后，她看到荷西在地面上一直向高处跑着，试图用人力来抵消他和三毛之间的距离。看着荷西越来越小的身影，三毛突然想起了梦中听到的那句话“再见了，要乖乖的。”这惊起了三毛一身的冷汗，她唯独希望所有的噩梦只会停留在梦中。

回到台湾后，三毛还没有来得及和一家人享受团聚的日子，大洋彼岸传来一则她永生都无法相信的噩耗——荷西潜入海底之后再也没能浮出水面。三毛立即飞回到拉芭马岛，她跪在沙滩上，面对无边的大海整夜祷告：“我说上帝，我用所有的忏悔向你换回荷西，哪怕手断了、变丑了都没关系，把荷西还给我好不好，陪着我的西班牙老太太告诉我，她看着我的头发一夜间一点点的都变白了。”海水呜呜咽咽，不知道说了些什么来作为对三毛的回应。

两天后，荷西的尸体被打捞上来。三毛拼命地摇晃着他，呼唤他的名字，可荷西再也没有回应过三毛的哭泣，这也是他们相识以来荷西第一次对三毛的情绪无动于衷。三毛彻底崩溃了，她多想再次看到荷西嘴角的微笑，看到他站起来对自己说一切都是梦境。但这些都没有发生，三毛一直以来无法走出的噩梦最终变成了现实。

他们曾以为可以白头到老的爱情，最后却证明彼此的想法都是最大的错误。天底下再真挚的爱情，原来也无法逃离命运的掌控。

遗产的争夺

荷西死了，三毛的心也死了。

这一夜，三毛几乎精神失常。她执意守在荷西尸体旁边，一遍遍地对他说“不要害怕”，如果真的有天堂，三毛相信荷西一定是会上天堂的。她轻手抚摸着荷西的发丝，忽然发现荷西眼中竟然流出了鲜血。三毛忍不住又哭了起来，她不知道荷西死去的时候是不是痛苦，他当时是否会想到自己，他一定也对这个世界恋恋不舍。

在葬礼前，三毛决定要亲手去为荷西挖坟。她说："每一铲泥土都必须倾注我的泪水，荷西死在他另一个情人——大海的怀抱之中，应该是死而无憾了。"三毛用这种几乎是自残的方式表达着对荷西的依恋，但荷西再不会睁开眼睛给她一个拥抱了。

葬礼上，三毛试图面带微笑，她不想把自己哭丧着脸的模样留给荷西。可在正要下葬时，三毛再一次崩溃了，她哭求着想要阻拦棺木的下葬，直到旁人为她注射了一支镇静剂后三毛才不再挣扎。葬礼结束后，三毛躺在床上一直在喃喃自语："荷西回来，荷西回来，荷西回来……"无人应答三毛的话，但她却一直念念不休，仿佛果真有个人会听到她的声音。

第二天，三毛跑到木匠店里定做了一个十字架，上面写着"荷西·马利安·葛罗。你的妻子纪念你。"她自己一个人将沉重的十字架拖到了荷西墓前，用双手一点点地挖开泥土，把十字架郑重地栽放进去。

从这一天开始，三毛每一天都会来墓园里看荷西。很多时候，她只是静静地坐在墓前，看着荷西墓前的十字架，神思早不知道飞到了哪里去。墓园里每天都会有新的下葬者，没有人会去在意这里是否多了一个新的亡者，世界也不会因为荷西的离去而有太大改变，唯独三毛的生活会因为荷西而崩塌。

三毛总是会从早上一直坐到黄昏，若不是那老守墓人来提示她天黑了，三毛还迟迟不愿意离去。三毛起身后，向守墓人道了谢，然后穿过与荷西下葬的地方并没太大区别的一排排坟墓，仿佛穿过了生死相隔的大门。

三毛还有一件事情必须要做，那就是去西班牙看望荷西的家人。

当看到荷西的妈妈时，三毛眼中又涌上了热泪。妈妈把三毛抱进怀里，安慰着这个受尽苦难的孩子。爸爸正披着一件黑色毛衣背对着三毛坐在椅子上，三毛蹲在他的膝盖前，仰起头喊了一声“爸爸”。爸爸的听力不好，需要戴着助听器才能听到身边的声音。当三毛数次呼唤后，爸爸似乎才从恍然大梦中惊醒。他抬眼看到了三毛，然后一把把她抱住，老泪开始纵横。之后三毛又见到了家里的其他人，姐姐卡门和妹妹伊斯帖，他们都对三毛表达了安慰，这让三毛原本悲伤的心稍微缓和了一些。

晚上临睡前，妈妈走进了三毛的房间，问到她和荷西在大加纳利岛上的那所房子应该怎么办。妈妈说，从法律上来说，他们也有这所房子一半的继承权。三毛知道妈妈说得有道理，但她现在根本没有心思去谈论这些。荷西刚刚离去，此时马上就谈论继承权让三毛觉得这是对荷西的不尊重。她假装胃疼打发走了妈妈，自己锁上了房门，熄灭灯，打开了面向马路的那扇窗。凉爽的风瞬间吹走了旅途中的疲劳，时间已经快到五月了，夏日很快就会到来。三毛将头发打散，爬在窗台上睡了一夜。

梦里，荷西变成了一个小孩子，他捧着一本用完的作业簿央求妈妈给自己买一本新的，但妈妈却不肯买，而是在用橡皮擦试图擦掉旧练习簿上的铅笔字。因为有些红笔字迹是擦不掉的，荷西急得快要哭出来了。夜风吹来，三毛醒了，那个哭鼻子的荷西也不见了。

天亮后，三毛陪着爸爸妈妈去了教堂做礼拜。一路上有很多邻居都认识三毛，他们热情地和她打招呼，三毛不愿意在熟人面前表现出过多的悲伤。她只得快步离开这些熟悉的街道，因为她不想让自己悲伤的情绪传染给其他人。

在回去的路上，三毛买了一些爸爸爱吃的甜品。回到家后，三毛惊讶地发现家中所有的亲戚都回来了，哥哥夏米叶还给她带了很大一束花。三毛又在厨房中忙碌了一上午，给所有人准备了一大桌子饭。餐桌上，爸爸打开了从维也纳带回来的红酒，给每个人都斟满了酒杯。一家人相互说着安慰的话，这让三毛在一瞬间感觉到暖意流在心间。

正在这时，姐夫突然站了起来，他敲了一下酒杯，示意大家安静。姐夫咳了一下嗓子，语气非常不自然地提到了三毛和荷西在大加纳利岛上的那栋房子。三毛这才知道，原来是妈妈打电话把家里所有人都叫来了，他们不是来安慰三毛的，不是来悼念荷西的，而是要来瓜分她和荷西的家产。三毛刚才升起的暖意瞬间变得冰冷。妈妈甚至毫无来由地哭了起来，责备三毛这些年从来没有给自己寄过养老钱。妹妹伊斯帖实在看不过去了，她对妈妈喊道："你给我住嘴！你们有钱还是荷西 Echo 有钱？"

三毛静静地看着眼前发生的这戏剧性的一幕，她起身走到妈妈身边，告诉她，除了荷西送给自己的结婚戒指外，任何财产她都不要。听到三毛如此说，情绪激动的妈妈这才平复下来。

正在此时，爸爸突然拍了一下桌子站了起来，他大声吼道：“荷西的东西是我的！”

这一声怒吼让在场的所有人都吓了一大跳，伊斯帖口中的汤还差点儿喷出来。三毛闻声，终于忍不住大笑起来。她笑这一家人为了财产竟然丝毫感情都不讲，笑自己这半世癫狂竟然没有看清楚这些人的本来面目。

午后，伊斯帖请三毛在外面喝咖啡，她想劝三毛要极力去争取属于自己的那份财产。但三毛却觉得再没有任何必要了，她只说了四个字——“人生如梦”，随后她轻松地吹了一下杯子中的麦管，咖啡泛起的金光的泡沫在阳光下瞬间破裂。

第十章

一梦，记得这个世界我来过

人生太吵闹

三毛不幸的人生得到了所有亲朋好友、媒体和读者们的关注，他们总是好心地对三毛倍加呵护，可三毛却害怕再去面对人群。当时她的身体状况也不是很好，她需要一个地方静养。更关键的是，三毛认为自己的心灵还需要一次放逐，需要一次漫无目的的流浪。

最终三毛还是选择了那座留有自己美好记忆的大加纳利岛作为目的地，她再一次启程，依旧是同样的路线，从中国台湾飞西班牙，然后转机去大加纳利岛。只是上一次她在这条路线上飞行时，是因为和荷西吵架，他为了男人的尊严不肯跟着自己回台湾。这一次，连那个吵架的人都没有了。三毛的心也空了。

当从台北桃园机场起飞时，三毛突然想起了自己之前经常做的那个噩梦，她梦想自己被迫和父母分别，然后又上了一列不知道开往哪里的火车。现在看到父母正在和自己挥手告别，这场景分明和梦中的一模一样。她一个人走过长长的廊桥，经过香港，越过昆明，飞往西班牙。到达瑞士后，三毛换乘了火车去洛桑。可到车站后三毛惊讶地发现，这里古典的装饰风格竟然和自己梦中见到的车站也是一模一样。之后她在朋友家逗留了几日，并在意大利的佛罗伦萨游览了一周，再计划去看望老邻居奥托一家。当她再次踏上火车时，却发现站台上标示的醒目的"6"，同样在自己的噩梦中出现过。前来为她送行的法国女朋友竟然用中文对她说了一句"再见了！要乖乖的！"这让三毛相信原来一切都是命中注定的。她的这趟行程注定是要和所有相见过的人们说最后一次再见，然后她就可以完成自己的人生使命。

三毛这次的旅行，已经不能再称之为旅行了。她不记得自己走过哪些地方，也没有印象看过哪些风景，三毛只感觉所有地方的天空都是灰暗的，人们都是吵闹的，她只有不断地逃离，一直去往远方寻找内心的宁静。

到了大加纳利岛后，三毛重新买了一座房子。她和荷西原来的房子早就被荷西的爸爸妈妈拍卖了，三毛并不去计较这些，现在她有足够的版税去供养自己的生活。三毛把新家安在了海滩上，这里不是适合游览的地方，相反却怪石嶙峋，时时刻刻都能听到巨浪拍打礁石的声音，仿佛是在向着生命发出咆哮。

朋友们都觉得三毛的内心早已经变成了一个无所求的老人。她不再讲究吃穿，每天只是静静地坐在海边，仿佛是在等待生命的终结。

三毛找来装修工人打理自己的新房子。她重新在房间里摆放上藤条装饰和烤漆工艺品，又在客厅里放上了碎花沙发，沙发前面还有一排非洲乐器和阿富汗手绘皮革。三毛坚持使用原木装修，这样一来每当她进门都能闻到木头的气味。三毛把荷西的照片放在家里最醒目的位置上，在他面前放上了一束康乃馨。荷西的笑容始终绽放在一丛花朵中，苍白的面容也会因为花朵的点缀而有了颜色。

三毛经常会呆呆地望着荷西的照片，长时间和他对视、静默……她觉得自己好累，仿佛在一瞬间就已经衰老了。三毛害怕安静下来，害怕自己陷入思念中，她每天都要把家中的地板清洗一遍，一直累到手脚都肿起来，才颓然倾倒在沙发上，沉沉睡去。

马德里的一些朋友不忍心看到三毛这副模样，他们想给她介绍新的男士，可三毛拒绝了他们的好意。因为每到一处好玩的地方，三毛总会想起荷西，于是总会像是发神经一样突然开车回家。其实当时三毛有很多追求者，甚至还有一些成功男士愿意为了她放弃自己的家庭和事业，名作家西沙也是追求三毛的男人之一。可惜三毛的心已经付给荷西了，她不可能再爱上其他人了。她对这些追求者的态度非常恶劣，她把他们当作是盛年发情的公鸡，他们任何一个人都无法和荷西的那份纯真作对比。往往越是比较，就越让三毛心中增添几分厌恶。

三毛一度认为自己的心理出了问题。此刻的她像是一名苦行僧，她的内心缥缈而深远，再没有人能猜测到她真实的想法。

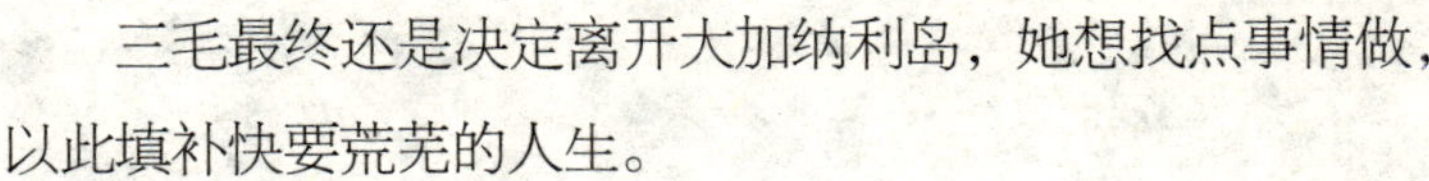

三毛最终还是决定离开大加纳利岛，她想找点事情做，以此填补快要荒芜的人生。

“签约”拉美

三毛作为作家的名气越来越大，有很多机构都表示愿意支持她去各地游历的想法。于是从 1981 年开始，三毛接受了《联合报》的赞助，开始了在拉美长达半年的游历生涯。

同之前所有的旅游不同，这一次三毛决定不带任何目的去，她单纯地只是想要去那些从来没有到过的地方看看，然后用文字记录下内心的真实。虽然再没有荷西的陪伴，但三毛有一个助理叫米夏，她承担起照顾三毛的责任。

前往拉美，他们的第一站是墨西哥。这是一座充满了粗犷气息的城市，同时却又保留着莫大的包容性。但真正吸引三毛注意的，是在博物馆中遇到的一尊专门管理自杀的神祇。这尊神像面目很狰狞，浑身上下都透着邪气。在三毛的记忆中，任何一个宗教都是不赞成自杀的，但墨西哥却出现这样一尊神，这让三毛更觉得自己的这趟行程是命中注定的。

在三毛的内心中，深深根植着自杀的情节。童年时被老师当众羞辱后，三毛曾经自杀过一次；在第一次失去爱人后，三毛曾下行过自杀；在荷西离开后，三毛又曾试图自杀。三毛并不惧怕生命的流逝，她静静地站在自杀神祇面前，仿佛可以和这尊神像进行一场来自灵魂的对唱。或许，三毛此刻感应到了荷西的呼唤，感应到了来自于遥远异域的某种声音。

其实，三毛心中早就拜会过了这尊神祇，只是到如今才见到他的真面目。自杀神不是一位慈祥的神，他专门负责惩罚人的灵魂。而三毛这一趟几近于自我折磨的旅程，岂不是也在惩罚自己的灵魂吗？

离开墨西哥后，经过两个小时的飞行，一行两人在洪都拉斯降落。

下飞机后，三毛第一眼就看到了持枪的军人，这让她心中产生了莫名的恐惧。出关检查时，三毛又和一名军人默默地对视着。为了化解尴尬，三毛脸上先露出了微笑，随后军人也笑了，他还主动走上前来和三毛交谈了几句，这才让三毛稍稍缓解了一些刚才的紧张。

洪都拉斯的海关处并没有多少人，一眼看去显得很寂寞。在等待检查时，三毛遇到了一位准备前去萨尔瓦多救助难民的美国人。他问三毛此行的目的，三毛回答说只是想写一些见闻笔记。说完，三毛突然感觉自己在人格上比对方矮了一大截，她甚至认为自己的这种生活方式变得相当自私。

还来不及让她深思，海关的大门打开了，一群陌生人向着三毛和米夏涌来。他们嚷嚷着要和她们换美金，还有人帮她们提箱子或者叫计程车，甚至有人要抱着三毛的腿想给她擦鞋。三毛意识到，这些人都是被贫困困扰着的，他们为了一口生计宁可放下自我的尊严，正是生活把他们逼到了这般绝境。

为了能花更少的钱，三毛和出租车司机砍了两次价，最终以六个“大酋长”的价格定下了出租车。从机场到旅店只有六公里的路程，三毛却在一路上见识了当地的贫瘠。

到达旅馆后，三毛发现房间里只有一张床，于是只得自己动手把走廊中的一张方桌搬起来以备写作之用。刚来到洪都拉斯的第一个晚上实在难熬。米夏嫌弃床垫上有跳蚤，三毛喝了浴室中接的自来水结果上吐下泻，她再能够起床行走已经是两天后的事情了。在旅馆的这几天，米夏一直都是在向“玛雅商店”的中国同胞讨热水喝。

三毛坐在城内广场的一条木椅上看当地的地图，她正在计划此次行走的路线。当地那些名叫“青鸟”的公车一辆辆驶过，可三毛没有权利坐这种汽车，而且她计划在洪都拉斯境内走 1400 公里，“青鸟”也不会跑这么远的。最终经过几次辗转，他们第一天的行程只走了一百公里。

当天晚上二人在一处名叫“各马亦阿爪”的客栈休息。米夏依旧无法适应这里的环境，三毛却醉心于院子天井中的景象。这是一座小小的四合院型建筑，院子里种着一些花，还养着鸡，全家人的衣服也在这里晾晒，总有孩子们不断嬉闹，女人们忙着扫地煮饭，男人们则戴着两边上卷的帽子围成一圈打牌。原来，再贫瘠的生活也总是无法阻挡人们对宁静生活的追求。

旅馆附近有一家博物馆，三毛去看后才发现原来只是陈列了几件玛雅文物而已。附近还有一个食堂，只售卖老妇人煮烂的土豆和两块硬邦邦的肉，外加一杯土产黑咖啡，售价三美元。为了填饱肚子三毛和米夏只能花高价吃这些低廉的食物。更让三毛揪心的是，他们只剩下了一卷胶卷，而当地胶卷的价格高得离谱，可他们却有三架相机。无奈之下，一切都只能从简了。

正当三毛一筹莫展之际，她突然看到有一个老人拿着一大串钥匙从教堂出来，三毛本能地跟了上去。老人倒是很通情达理，他带着三毛和米夏爬上了钟楼。这里有个西班牙菲利普二世时代留下的大铜钟。老人说他用了一生的时间在守望这座钟楼，这里是整座小城的灵魂。

三毛试图从塔边的小窗跨出去，走上了教堂的屋顶。她张开双臂在上面奔跑了一段，看起来非常尽兴。也许这里是距离上帝最近的地方，所以才会让三毛产生了奔向另一个世界的冲动。

然而在洪都拉斯，如同钟楼这样的地方实在太少了。三毛和米夏一个村子一个村子地走着，她们见识了很多贫穷的地方，有的人只能露天挂一张吊床作为休息场所，女人们多是沉浸在无边的劳作中，男人通常都是坐在门口茫然地看着过往的车辆，唯独一些孩子的脸上会挂着笑容。

报社给的经费并不多，但三毛宁愿自己省吃俭用，她还是会愿意把自己的食物分一些给当地的孩子们吃。离开洪都拉斯的前一天黄昏，三毛在坐满了要饭小孩儿的广场上轻轻地吹着口琴。这是一把从集市上的印第安人手中买来的小乐器，权当是此行的纪念。三毛这一晚的口琴声中尽是无法描说的苍茫。洪都拉斯的贫瘠让她想起了撒哈拉，想起了那片梦开始的地方。

他乡遇故知

下一站，是巴拿马。

刚下飞机，三毛就被当地物品高昂的价格吓呆了。在巴拿马，美金是通用的，消费水准也是向美国看齐的，三毛因为担心经费而不愿意在市中心的中级旅社住宿，最终她们换到了一家位于老城中心的名叫“理想旅社”的地方落脚，结果这里却是任何人都可以随便进出的地方，更不用提起它的脏乱差了。旅社门口经常有醉汉故意骚扰经过的女性，即便米夏在身边，三毛还是被人使劲摸了一把。

面对如此恶劣的环境，三毛忽然想起二姨家的女儿是嫁到这里的，她在犹豫要不要给妹妹打个电话，告诉他们自己的到来。

最终，三毛还是打了电话过去，接电话的正是妹夫。在问清地址后，他告诉三毛不要出门，他下班后就和妹妹一起开车来接他们。妹妹是十年前嫁到这里的，三毛是这么多年以来唯一一个前来拜访的娘家人。亲人相见后，三毛在一瞬间就找到了他乡遇故知的温暖。妹夫还是一副旧模样，妹妹却从一个长发的文静女孩变成了如今短发微胖的戴眼镜妇人。妹妹拉着三毛的手腕就往外走，米夏也被强行拉上了车。

妹妹在和三毛交谈的时候，仍然使用上海话，偶尔会夹杂一点儿宁波的土话，这一点她倒是没有变。只是在拉美文化的熏陶下，妹妹变得开放而坦率，她可以说一口非常流利的西班牙语，甚至总会带上一些略显泼辣的语调。十年的异域生活，让当初那个文弱的小女孩变成一位坚强的妇人。见到妹妹的成长，三毛从心底表示了赞赏。可即便是久未见面，三毛也不愿意过多打扰妹妹的正常生活。

她们在巴拿马只能停留四天的时间，妹夫还是尽一切可能全程陪着三毛和米夏，他带她们到处去观光，还帮他们换钱、买机票，甚至连吃饭都被妹夫包办了。这让三毛心中升起一股感动。

妹妹和妹夫的生意伙伴来自不同的国度，他们也有很多华裔朋友，在他们的介绍下，身为三毛书迷的苏团长一家人执意邀请三毛去用餐。三毛见推脱不掉，最终勉强答应了下来。结果第二天用餐的时候，使馆的陈武官夫妇、中国银行的向家、苏家、彭先生、宋先生以及妹妹和妹夫等人组成了一大桌子的迎宾团队。这让三毛有些惶恐，她不知道自己身上有什么地方值得他们如此关注，能在异域他乡遇到这么多热心的中国人，是她和米夏这一趟拉美之旅最大的收获。

在巴拿马的最后一夜，大使夫妇和中央社的刘先生夫妇都来到表妹家中看望三毛，从他们口中三毛又对当地有了一番不同的了解。临走前，妹妹执意要给三毛做一次馄饨。她又怕姐姐深夜在哥伦比亚降落时没有东西吃，还给她和米夏的行李中塞满了中国点心。

上飞机前，妹妹结集了一大帮人来机场送行。妹妹怀中抱着小婴儿，手里拉着较大的两个孩子，向家夫妇和他们的小女儿，彭先生，应先生……三毛都快要数不过来人名了，若不是飞机要起飞，三毛真想再冲回去和众人再一一拥抱道别。

三毛走进海关的时候，挥手和大家说了声再见。只一转身，她仰起头，强行把眼泪倒咽了回去。

另一个世界的无奈

出发前，三毛了解到，人们都习惯于把哥伦比亚称作是“强盗国家”，声称在这里每天都会发生无数的暴行，任何人都不可以掉以轻心。米夏最初犹豫着要不要踏上这一站，但三毛还是坚持继续走下去，同时她答应米夏，不会再为了节省经费去住太破的旅馆了。

当飞机在博格达降落时，三毛将手上那只已经戴了八年零三个月的戒指悄悄摘了下来。她不允许任何人把荷西从身边抢走。

因为海拔的关系，三毛感觉到心脏的不适，因此也没有议价便让出租车直接开向了一家中级旅馆。没想到到了目的地后，司机强行加收了七美元。在旅馆安身才两天时间，旅馆单方面要涨价 27 美金，三毛和米夏不得已又冒着细雨坐上了出租车前往下一处安身之地。伴随而来的，是出租车司机再一次多收了钱。

新搬进的旅社上个月刚被抢劫过，老板的太太被人开枪打死了，至今还没有破案。刚到博格达的前几日，三毛和米夏出行时总感觉街上所有人都在盯着她们的皮包。在这样的环境中，唯一让三毛觉得欣慰就是路边摊的美味，而且价格也不算贵。但三毛还是被骗子教育了。当她把钱交到商贩手中后，对方却声称没有拿过钱，所以拒绝给她们提供食物。最开始时三毛还会和这些人争论，但被骗次数多了，三毛也就不计较了，她总会还给对方一句“上帝保佑”，然后便转身离开。

不单百姓如此不讲信用，甚至连维持秩序的警察也都非常粗暴。有一天晚上，米夏很晚也没有回到旅社。原来她莫名其妙地被抓到了警察局，还被强行搜身。同样的事情在米夏身上发生了两次，此后她们二人都是躲着警察走。

即便民风差劲，但殖民地时代遗留下来的大建筑的辉煌还是深深吸引了三毛。在哥伦比亚的黄金博物馆中收藏了一万多件纯金艺术品，它们都是由石块和木条打造的。三毛不由得惊叹于先人的智慧。

三毛还发现附近山峰上有一座纯白色的修道院。三毛冒着高原反应的危险徒步爬了上去，结果发现此处是一座正在修建的教堂。教堂的神坛上吊着金色十字架，耶稣雕像装在一个巨大的玻璃柜子里。当看着这位背着十字架的先行者血流满地，三毛突然产生了恸哭的冲动。她觉得自己内心有着说不尽的委屈，只有在这位圣哲面前，在这没有任何一个熟人的地方，她才可以敞开心扉去诉说一切秘密。

三毛被压抑得太久了，她再背负不起心中的伤痛漂洋过海。

三毛常说，自己可以感知前世的记忆。她喜欢把自己当成是一个印第安人，用一生的时间都在寻找和前世有关的一切。但在那片迷人的沙漠中，三毛只是稍微触碰了一下和前世有关的记忆，却没有来得及深挖。这一次的拉美之行，三毛依旧想要去寻找内心中的上古记忆。

离开哥伦比亚后，她和米夏来到了厄瓜多尔，一个满是火山喷发的地界。这里的人们拥有最纯正的印第安血统，三毛来到这里后选择了在当地居民家里定居，她想要变得和他们一样淳朴，她学着他们的样子割玉米叶编织成睡床，吃玉米研碎后的玉米饼。三毛还学会了如何去做一顿正宗的印第安早餐。看着她娴熟的动作，主人家感觉很奇怪，为什么这个黄皮肤女孩会对他们的生活方式如此熟悉。

三毛每天都会坐在多巴湖畔去观察湖边岩石上的创伤。这里是被人们忘记的地方，她大概也想要被人忘记了，所以总是在风雨中独自爱上这个地方的寂寞和荒凉。三毛偶然会在地面下翻出一些陶罐等古代生活用具，甚至还会翻出动物的尸体。这些都是死去很久的动物，三毛仔细观察着它们死去时候的痛苦姿态，想象着它们逃走时候的模样，她突然意识到这里就是留有自己前世记忆的地方。她的前世一定是一个叫哇哈的姑娘，于是三毛开始在脑海中编织起有关于哇哈的故事：

哇哈的曾祖父被印加征服者杀害后，三万名族人都被挖出心脏投到大湖之中，那湖被后代命名为哇哈湖。哇哈的父母被印加人抓了起来，之后哇哈就成了孤女，和老祖父一同生活。祖父是村里的药师，他常常用各种不知名的草药给族人治病。祖父去世后，哇哈嫁给了英俊的猎人。猎人非常爱哇哈，在她怀孕时给她弄来几条鲜鱼。鲜鱼是从心湖里偷偷捉来的，那是祖宗们心脏的栖息地。族人们说哇哈肯定会遭报应的。一个寒冷的夜里，太阳神开始报复哇哈，让她死于难产，猎人抱着妻子的尸体放声痛哭，一直到她的身体变得冰冷。

在当地的土语中，哇哈是“心”的意思。三毛把这段美丽又哀伤的记忆写成了文字，并在《联合报》上发表出来，她在拉美地区的见闻再一次在台湾掀起了阅读的热潮。

纵然三毛想要就此留下来，可她却因高原反应而患上了“索诺奇高原症”。三毛每天都不得不把嘴巴张得大大的，以这种奇怪的方式来减轻耳内的压力。随后她又尝试了用草药治疗，都没有得到很好的疗效。最后，三毛不得不离开她的又一片故土，离开她曾想要成为的真正的自己。

血浓于水

在台湾稍事调养后，三毛决定回到大陆去探亲。自从幼年离开大陆，她再也没有机会回到生养自己的这片土地上。这次回老家去探亲，三毛还有一个心愿，就是希望能见一见写出了《三毛流浪记》的作者张乐平。

在浙江舟山的陈家祠堂中，三毛按照当地人的习俗给列祖的排位点上了六炷清香。走出祠堂后，三毛又到山上的祖父坟前上坟。她向祖父母各敬了三炷香后，又向天地敬了三炷香，然后行了三次五体伏地的大礼。

随后，三毛轻捧起祖父坟前的一把土，小心翼翼地装进了早已经准备好的盒子里。回到祖屋后，她又在古井中打了一杯水，同样是精心装好后收起来。她要把故乡的水土带回到台湾，好让自己生生世世都不会忘记根在哪里。

这一次的祭祖活动吸引了很多媒体，甚至有报道说三毛是在故意做出一副模样来吸引媒体的注意。三毛已经不再去计较这些人怎么评价自己了，她过了争名夺利的年岁，现在她的一切行为都只出于本心。透过夜幕中的薄雾可以看到下城东北方向有人在放烟火，三毛记得自己以前并不喜欢烟花，可现在再一次站在故乡门前，往日的情景历历在目，三毛心中突然升起了不舍之情。毕竟血是要浓于水的，这里是她最至亲的土地，不论她飞得再远，也和脚下的这片土地断不了联系。

第二年，三毛又两次回到了大陆，她先后踏上了丝绸之路、去观赏过巴蜀的山水、游览了长江黄河，还在新疆地区再一次闻到了沙漠的气息，只是这会让她再一次想起荷西。

在大西北的莫高窟，三毛在朋友的帮助下进入了一个洞窟中，真正零距离地瞻仰了一个民族的尊严。

三毛在洞窟中和石壁上的菩萨进行了一场纯意识的交流。没有人知道那是什么样的场景，只是当她再出来时，整个人看起来精神抖擞，仿佛是换了一个模样。三毛对身边的朋友郑重其事地说，自己已经是个看破红尘的人，是时候放下世俗的一切了。朋友被吓得不轻，三毛却莞尔一笑，说道："现在还不是时候，等到了那个时候，我希望可以葬在此处，每天感受佛祖的梵音。"

在此之后，三毛直飞到上海，见到了从未谋面的启蒙恩师——张乐平。当时张乐平已经患上了很严重的帕金森症，他正在一所疗养院中休养。她在这位老人面前毫无遮掩地诉说着有关于自己的一切。张乐平被三毛的率真打动了，他把自己的一身涤卡布的中山装送给三毛收藏，三毛更是把张乐平当作父亲一样尊敬着。

二人之间的这份忘年之情又造成了文坛上的一段佳话。只是此时，他们二人所剩下的人生时光都已经不多了。

红尘终一梦

三毛曾经向家人许诺，一定会珍惜自己的生命。当她决定要考哲学系的时候，内心是希望能多一些对生命的思考的。可在经历过这么多劫难后，三毛却始终没有得到自己想要的答案。她一生都在流浪，究竟哪里才是自己真正的归宿呢？或许，这个世界上本来就没有任何的归宿。

1991 年 1 月 2 日，三毛因病情加重住进了台北荣民总医院。

医生认定三毛的病情不是很严重，只需要一场小手术就可以让她很快恢复健康。在病房中，三毛告诉母亲她能看到很多长着翅膀的小孩子在身边跳舞。缪进兰知道三毛是一个思想活跃的人，她经常会讲出一些莫名其妙的话语，所以也没有把三毛的话放在心上。

手术是在 1 月 3 日进行的，过程很顺利。医生叮嘱说，只要再用几次药，没有其他情况的话 5 日就能平安出院。这让陈嗣庆夫妇悬着的心终于放了下来。

三毛醒来时，看到衰老的双亲守候在自己身边，她努力在苍白的脸上露出一点儿笑容。三毛请求母亲给自己梳洗打扮一番，然后她又约见了一位心理医生，稍晚时候吃了一点儿流食，三毛的精神也见好了。她告诉父母晚上可以不用在医院陪床，她能照顾好自己。

大约在八点左右，陈嗣庆夫妇见女儿并无大碍，这才放心地回家去。大约三个小时后，缪进兰接到了三毛的电话。刚开始三毛还在语气平和地叙述着自己的病情，但说着说着她似乎又呓语起来。缪进兰只记得三毛说了一句“那些小孩又来了”，她安慰三毛说：“大概是小天使在保护你。”三毛在电话那端笑了笑，随后挂上了电话。

深夜查房时，医护人员敲门提醒三毛要熄灯休息。三毛告诉对方，自己的睡眠质量差，希望夜间不要打扰自己。

一切看起来都是如此地平和，并且有条不紊。

1 月 4 日早晨 7 点零 1 分，清洁女工推开了三毛的病房去打扫卫生。刚走到室内，她就被眼前的情景吓呆了。病房的卫生间中挂着一具冰冷的尸体，三毛用一条咖啡色尼龙丝袜在浴室里自缢身亡了。

医院方面随即报案，法医在现场进行了长达 4 个小时的勘察，最后确定是自杀。并且三毛临死前没有任何求生的意向，否则她只需要扶住手边的马桶扶手就可以保命。

上午 10 点 45 分，院方把三毛的遗体交还给陈嗣庆夫妇。老夫妻俩悲痛万分，他们想不明白女儿为什么最终还是走上了自杀这条道路。三毛就这样莫名地走了，留下他们做父母的两个人独自忍受着世间的一切煎熬。

陈嗣庆夫妇决定把三毛生前在育达商校附近的公寓作为三毛纪念馆，母亲缪进兰还撰文写出了他们为人父母的心声。文中写道："她有今天的文学事业，都是《联合报》培养的，我也希望请《联合报》来主持治丧事宜。《联合报》造就了她，我也希望报社给予鼎助，使她走得风风光光的，她生前曾对我说喜欢火葬，认为那样比较干净。她生前最喜欢黄玫瑰，她不喜欢铺张，我也要选她在家里平常最喜欢的衣服缀上黄玫瑰给她穿上，外边套上一个漂亮的棺材就行了。她的骨灰，我希望放置在阳明山第一公墓的灵塔上。三毛就这样莫名其妙地走了。命运夺我爱女，苍天对我，何其残忍！"

三毛的去世成为各大报纸的头条报道，她生前的诸多好友也都撰文表达了对三毛这一选择的不同看法。

琼瑶说："三毛对生命的看法与常人不同，她相信生命有肉体和死后有灵魂两种形式，我们应尊重她的选择，不用太悲哀。三毛选择自杀，一定有她的道理。三毛是很有灵性和聪明才智的，也许她是抛下有病的躯体，步入另一形式的生命。三毛的经历丰富，活了四十多岁仿佛活了四百岁。"

三毛生前的挚友，丁松青神父写道："每次她离开，总会忍不住落泪。上回她走的时候，曾戏称清泉是 RIVER OF NO RETURN（'不归泉'之意），含泪说她永远不回来了。也许她不适宜活在这个世界吧！现在她可以在九泉之下见到她挚爱的亡夫了。但愿她能得到她一生祈求的满足与快乐。”

众人相继发文悼念三毛，也有不少人则反过来去推理三毛自杀的缘由，甚至给出了不同的答案。但真正的答案，只有三毛自己知道。她是一个非常清楚自己想要什么的女子，她也用了一生的时间去满足内心的渴望。三毛曾经说：“生命短促，没有时间可以再浪费，一切随心自由才是应该努力去追求的，别人如何想我，便是那么的无足轻重了。我真愿意慢慢化作一个实实在在的乡下人，化作泥土，化作大地，因为生命的层层面貌只有这个最贴近我的心。”

红尘一梦，香消玉殒，三毛把自己的生命终结在第 48 个春秋的时候，不管别人如何评价，三毛自己应该是没有遗憾的，所以她才会说出“假如我选择自己结束生命这条路，你们也要想得明白，因为这对于我，将是一种幸福”的话语。三毛的肉体虽然结束了这趟旅程，但她对自由的追求却从来没有熄灭过。她的生命在燃烧，她的爱情在继续，冥冥中一定有某种力量在引导着她继续向前。而且在那条路上，只能前行，而三毛也将不再是孤独前进。